El día que murió John Lennon
(De relatos, cuentos, y otras leches)

Lola Orcha Soler

© Bubok Publishing S.L., 2012

2ª edición

ISBN: 978-84-686-2653-6

ISBN ebook: 978-84-686-2654-3

Impreso en España / Printed in Spain

Impreso por Bubok

La primera edición de este libro se la dediqué a la memoria de mi madre, Manuela, quién siempre creyó en mí, y aunque sigue siendo a su memoria, en esta segunda edición quiero tener un recuerdo muy especial para unas personas muy queridas quiénes ya no caminan junto a nosotros. A la memoria de mi amiga Gema, de mis primos Indio y Macumba, y sobre todo, un recuerdo muy querido para mi tía Carmen, y mi tío Jorge, que ya descansan en paz junto a los suyos.

Índice

Prólogo

"El día que murió John Lennon, de relatos, cuentos y otras leches", fue mi primer libro publicado, y mereció este honor, por contener algunos de los escritos más tempranos de los muchos que llevo redactando a lo largo de mi vida, y quizás también por ser los papeles más amarillentos que había en el fondo del cajón de una cómoda en la casa de mi madre, a la cual se los iba enviando de vez en cuando desde las más inverosímiles esquinas del planeta.

Ahora, en esta segunda edición he querido ampliarlo añadiéndole varios cuentos que me hicieron finalista en varias ocasiones en sendos concursos, un tanto por darle un toque novedoso a este libro para los muchos amigos que leyeron la primera edición, que son muchos, y otro tanto como un compás de espera para retomar una labor que inicié hace ya seis años, y que no es otra que la de dar a luz a un sinfín de escritos que languidecen en cajones o esperan en las frías carpetas de archivos del ordenador. Labor que se vio interrumpida por circunstancias cruelmente inesperadas, en forma de un cáncer de mama, que no han hecho otra cosa que enriquecer aún más esta vida que me ha tocado vivir.

Mis historias se componen de un cúmulo de situaciones cotidianas, analizadas desde la perspectiva de las casualidades y los viajes, destacando la interrelación humana con los objetos más dispares, y desde los sentimientos y emociones que algunos de nosotros habremos sentido alguna vez, o hemos imaginado haber sentido. Son historias cortas con unos protagonistas bastante atípicos. Un jarrón y una maceta, una cabeza francesa, una maleta, un entierro, un enfermo mental, un trasplante de órganos, la muerte de un cantante famoso, un libro de cuentos. Aligerados por la ironía de un microrrelato muy actual que retrata los sueños de muchos españoles, un Haiku por un futuro mejor, y un pequeño cuento, cerrando esta edición, dedicado especialmente a la pequeña Malala, esa niña pakistaní, a quién, el cruel fanatismo talibán, que coarta los derechos de las niñas a la educación, disparó en la cabeza cuando volvía de la escuela en un autobús, y que después de debatirse entre la vida y la muerte en un hospital de su país, se recupera ahora de sus terribles heridas en un hospital británico, con la esperanza de que un día su sueño se haga realidad y pronto pueda volver a la escuela con otras niñas.

Les doy las gracias por leerme, y espero poder seguir desempolvando muchos otros viejos y nuevos manuscritos, para compartirlo con ustedes, mis queridos lectores.

Octubre 2012

SIEMPRE GANAN LOS MALOS

Finalista II Certamen de Cuentos Cortos de Cádiz 2008

Siempre ganan los malos.

Y sin embargo…

Esta es la historia del hombre más alto del mundo y de la mujer más baja del planeta. Es la historia de un vampiro con buen corazón y de un hombre lobo con alma de ratón. Es la historia de todos los que querrían que sus vidas fueran otras.

Les gustaría despertarse una buena mañana convertidos en otra persona.

En una habitación distinta de un país diferente con un nombre que nunca han oído pronunciar, siendo ellos mismos, con la libertad de ser otros.

No tienen claro si las vacaciones de uno mismo son definitivas o sólo por un rato.

Tampoco saben muy bien que harían sí, como a mí, esto les llegara a ocurrir realmente.

De repente me desperté y me miré las manos. Siempre he estado orgulloso de mis manos. Soy, o mejor dicho, era pianista. Por eso al ver aquellos garfios peludos solté un grito y corrí hacia el espejo. Siempre ganan los malos, no debéis olvidarlo para llegar al final de esta historia.

Porque la imagen que me devolvió el espejo superaba mis más terribles pesadillas. Siempre ganan los malos.

Pero en este cuento es diferente, porque es la historia de la mujer más baja del mundo y el hombre más alto del planeta, de un vampiro con corazón de gato y un hombre lobo que es incapaz de mirar a la luna a los ojos. Y mi historia; la de un hombre que igual que tú se despertó una buena mañana y se encontró convertido en la persona de la tierra que más había odiado.

Y sin embargo…

Nunca lo hubiera podido imaginar, mis vecinos parecían personas normales, si normal se le podía llamar a pasar largas horas encerrados en la casa, y salir al atardecer, justo cuando el resto de los vecinos abandonaban los casi de repente oscuros y húmedos jardines, que rodeaban todas las viviendas de aquel peculiar barrio de la ciudad.

Pero la primera vez que les observé uno junto al otro, me di cuenta del por qué de su reclusión.

Eran una pareja totalmente incongruente, el mínimo tamaño de la mujer, que sin ser enana daba la impresión de ser apenas una niña de unos seis años, destacaba frágil e inocente junto a la enorme mole del hombre, cuya cabeza parecía perderse entre las pequeñas ráfagas de nubes que se deslizaban suavemente aquella desapacible tarde de otoño sobre los tejados de la vecindad.

Siempre he pensado que, entre el sueño y la vigilia hay un breve espacio, un lapso de tiempo donde todo es posible y la realidad aparece vestida con los ropajes mágicos de los que están hechos los sueños, y al caer la noche, entre las sombras del jardín, aquella pareja parecían ser los protagonistas de algún asombroso cuento de hadas, con gigantes y princesas prisioneras, que aún así vivía feliz junto a su captor, que se desvivía por complacerla.

En un solo instante todo pareció cobrar sentido en mi mente, el miedo que había sentido toda la vida a ser una persona gris, vulgar y corriente, que no era capaz de provocar en los demás nada, ni amor, ni admiración, ni siquiera rechazo o simplemente lástima, de pronto desapareció y dio paso a una sensación nueva, maravillosa y diferente, de pronto por primera vez me sentí poderoso.

Agazapado entre la oscuridad de los frondosos setos de jardín me dediqué a contemplarlos durante horas y a través de varios días, hasta que de pronto un día lo intuí con una claridad bestial. Yo era la parte que necesitaban en su vida, la respuesta a sus plegarias.

Mi extinto instinto de supervivencia, olvidado desde hacía generaciones, se despertó de repente, aquellas garras peludas parecían sentir una sed de venganza que me hacía parecer estúpido, porque mi mente me llevaba a querer acercarme a ellos, pero no para hacerles daño, sino todo lo contrario, era mi deseo de compañía lo que me mantenía allí acuclillado durante todas las horas de la noche, contemplando la belleza del amor que se profesaban aquella extraña pareja.

Y sin embargo…

No pude prevenirlos. Cuando llegué a mi zona de observación ya habían llegado los agentes de la autoridad local, y eran muchas las luces que iluminaban por completo el jardín. En un extremo del mismo, el enorme y largo cuerpo del hombre aparecía tirado, como un extraño muñeco roto.

Su cabeza ofrecía el triste aspecto de una sorpresa brutal reflejada en los ojos abiertos, mientras que la parte de atrás de la misma permanecía vacía, como si nunca hubiese estado llena de huesos o cerebro. La pequeña mujer, más frágil que nunca, como si eso fuese posible, permanecía junto al cuerpo, sollozante y perdida, con amargas lágrimas derramándose lentamente por sus minúsculas mejillas.

No contestaba a las innumerables preguntas que le disparaban desde todos los sitios, simplemente permanecía allí, llorando desconsolada sin acertar a pronunciar palabra alguna. Antes de que me descubrieran, corrí hacia mi casa, y me refugié en las profundidades del sótano.

Pasaron muchas horas antes de que oyera los golpes que daban en la puerta, y cuando entraron, armados con porras de goma y pistolas, no me dieron tiempo a explicarme.

De pronto, el vehículo que me alejaba de mi hogar con las ululantes sirenas retumbando dentro de mi propia cabeza, pareció convertirse en un extraño carruaje llevado por dragones voladores, y todos los sorprendidos habitantes de mi vecindad que permanecían en las puertas de sus casas observando mi partida, por un breve momento parecieron convertirse en una enloquecida turba que pedía mi linchamiento inmediato.

Y sin embargo...

Después de mucho tiempo en mi celda acolchada, me cambiaron a una común, donde disponía de una mesa y un lavabo con un espejo de papel, y pensé que la única manera de no perder la poca cordura de la que siempre he dispuesto, era enfrentarme a esa imagen que torturaba mi mente cada día que pasaba. Fueron muchas las horas intentando aparentar ser una persona distinta, hasta que hoy pude comprobar, justo hoy que necesitaba ser de nuevo yo, por fin y muy a mi pesar, vi el rostro de una persona inocente.

Siempre ganan los malos.

EL VIAJE

(Un sueño escondido)

<u>Finalista II Premio Algazara de Microrrelatos 2009</u>

<u>Publicado por la Editorial Hipálage</u>

Bajo un calor sofocante, en una carrera infernal cruzó toda la ciudad. En el ruidoso tuc-tuc hasta la parada de autobús, y de allí a la estación de tren, donde después de una larga cola le había llegado su turno, su billete a la isla de Koh Samui, un bello lugar de Tailandia le esperaba.

Desde la ventanilla, la mujer le reclamaba impaciente.

- ¡Le faltan doscientos euros señor!

La miró sonriente

-¡Pues déme un billete a una isla más cerca!

La mujer repitió lentamente...

-¡Que le faltan doscientos euros para pagar la hipoteca de este mes!

Poco a poco volvió a la realidad. Estaba en la oficina del banco, ¡y no había salido de Madrid!

<u>GARABATOS</u>
(Haiku)

Garabatos de la vida, en eso se convierten los niños cuando el planeta ruge, llora y se queja.
¿Por qué no llenar de primaveras la tierra quemada?
¿Por qué no dejar que las aguas encuentren su cauce?
¿Por qué robarle la arena a los ríos y al mar?
¿Por qué herir las montañas?
¿Por qué envenenar el aire que respiramos?
¿Por qué seguir una creencia?
¿Por qué no pintar un arco iris de paz sobre el mundo?

Porque… Los garabatos, ellos, son nuestra única esperanza.

11 Septiembre 2001

LA CABEZA

(Efectos de una borrachera en la jungla de Borneo)

Hay una cabeza humana colgando de la entrada de la choza. Es muy pequeña, pero definitivamente es humana. Una cuerda atada a uno de los rizos del cabello rubio hace que esa pálida y arrugada cara se balancee suavemente con la tenue brisa. Los ojos están cerrados. Su expresión es sosegada, como sumergida en un profundo estado de meditación. Es diferente de las otras que se ven en las demás chozas de la aldea. Es una cabeza europea. Es francesa.

John está sentado con las piernas cruzadas sobre una esterilla. La única decoración en la choza, aparte de la cabeza, es un viejo machete, colgado sobre la pared, encima de su propia cabeza.

Siro está sentado frente a él. Es joven, fuerte, y según los ayudantes de John, muy temperamental. Es el hijo del jefe de la tribu, y chapurrea bien el inglés.

- Siro... – pregunta John, mientras bebe el vino de arroz con los ancianos de la aldea. Le rodean sentados en el suelo, iluminados por la temblorosa luz de las dos lámparas de keroseno que se encuentran colgadas de un palo en el centro de la choza de invitados. – ¿Es la cabeza a la entrada de mi choza la de aquel famoso explorador francés que fue asesinado en la jungla?

Siro no responde, le dirige una mirada siniestra, la pregunta parece enfadarle, y continua bebiendo de su recipiente de madera.

-¡Bueno, no importa! – murmura John, quien se preocupa por haber ofendido a su anfitrión. No es de muy buena educación hablar de cabezas humanas durante la cena, piensa, y menos en la cena de bienvenida. Aunque se decía que la tribu de los Dusun no había cortado ninguna cabeza desde 1925, era mejor tener cuidado, por si acaso.

A John siempre le habían interesado los temas relacionados con tribus remotas de costumbres ancestrales, y habiendo estudiado a esta singular tribu, se sentía doblemente fascinado por sus tradiciones, especialmente la de coleccionar y reducir cabezas, como los jíbaros, por eso, cuando le comunicaron que su próximo proyecto se desarrollaría en la mayor isla de la tierra, Borneo, y concretamente en la zona tribal de los Dusun, se sintió encantado.

Había aceptado aquel puesto casi a regañadientes, pues se había acomodado a vivir en la gran ciudad, casi convirtiéndose en una rata de oficina. Pasaba todo el día escribiendo informes y proyectos que no leía nadie, y a los cuales se les colocaba un número para luego languidecer en los enormes archivos del peculiar ministerio donde estaba asignado. Cuando supo que venía aquí se sintió feliz.

La teoría del proyecto le fascinaba: construir colmenas, hacer cestos, y plantar arroz o plátanos en la densa jungla.

Estaba especialmente encaminado a que las mujeres pudieran valerse por sí mismas, y no dependieran tanto del hombre. Le parecía una buena causa, Si se consiguiese, la aldea entera se beneficiaría, pero tenía sus dudas; la teoría no casaba mucho con la práctica en esa zona del mundo.

La capital de Malasia le divertía sobremanera, su potpurrí de gente y culturas le entretenía mucho, y lo mismo acudía a una discoteca de última moda, que a una boda india o a un nacimiento chino, sin contar las fiestas de los locales, los "orang asli" que eran los malayos originales, de mayoría musulmana.

El procuraba mezclarse con todos, pero últimamente se relacionaba más con la población de extranjeros que como él vivían y trabajaban en la cosmopolita "city" de Kuala Lumpur, especialmente desde que había llegado su esposa, una española a quién tampoco le molestaba viajar, a pesar de que era más cómoda aún que él y había decidido no acompañarlo en este primer viaje a Sarawak.

Se reuniría con él más tarde, cuando su propio grupo de trabajo llegase a Kota Kinabalu, en Sabah, en un par de semanas. Se desplazaría entonces para visitarle, pero volvería pronto a la civilización, y a él aún le quedaría otro largo mes hasta su regreso.

Decidió que era mejor disfrutar de su inesperada y forzada soltería, y dedicarse a aprender un poco más de aquella peculiar tribu, que no llevaba demasiados años en contacto con el exterior y todavía se les notaba la genuina sorpresa ante los inventos que él había traído consigo. Entre ellos se incluía una afeitadora a pilas y varias botellas de vino que esperaba alargar al menos hasta la mitad del tiempo que pasaría allí. El incoloro vino local de arroz le producía un espantoso dolor de barriga.

Carmen estaba contenta, por fin había podido deshacerse de John durante unos días. Últimamente bebía más que nunca, y estaba obsesionado cada vez más con la vuelta a las raíces. Su marido casi no se mezclaba con la comunidad de extranjeros que vivía en la ciudad. Cada vez era más numerosa la presencia de compañías extranjeras, incluyendo una famosa cadena hotelera española, aunque principalmente eran funcionarios de embajadas y de diferentes organismos.

A John le había dado por el misticismo a sus casi cincuenta ingleses años de vida, como un retorno a su antigua vida de "hippie". Estaba más que harto de trabajar con maletín y corbata. Cuando le dijo que había una oportunidad de empleo en un proyecto de una remota aldea de la jungla durante un par de meses, ella le animó a llevarlo a cabo. Quizá le vendría bien para mantenerse sobrio unos días y, al mismo tiempo, podría averiguar si realmente le interesaba vivir de una forma tan primitiva.

A ella no le importaba de vez en cuando tener alguna aventura exótica, pero lo que le gustaba realmente era escribir sobre las personas que iba conociendo en sus viajes y sobre el baile flamenco, y disfrutar además de la compañía de sus amigos de diversas etnias malayas; entre las que se encontraban representadas las tres principales: su amiga Lida, china; Vas, de origen hindú; y Debbie, una "orang asli" llena de vida, que siempre andaba viajando por el mundo.

Sin embargo quería mucho a John y trataba de mantener un precario equilibrio entre sus ideales y la forma de vida elegida. Aquello conllevaba una infinidad de discusiones sobre las verdaderas metas en la vida de cada uno.

Ella misma había aceptado un viaje a la zona en la que se encontraba su marido, llevando un grupo de flamenco como parte de una promoción gastronómica que se estaba llevando a cabo en el país, y aunque estaría una semana en un lujoso hotel, le había prometido que se pediría dos semanas de vacaciones para poder estar junto a él.

La verdad es que se había decidido por un impulso. Le vino la idea de que –si conocía a ese misterioso grupo de nativos que, según John, se habían dedicado a cortar y encoger cabezas hasta hacía bien poco– podría escribir algún artículo para una revista de viajes, ganarse algún dinerito extra, y de paso probar en el mundo del periodismo. Carmen era una emprendedora nata, y siempre andaba haciendo planes, metida de lleno en diferentes historias. Lo organizó todo adelantando su fecha de partida; cuanto antes se pusiera manos a la obra, mejor.

John encontró la ocasión de volver a hablar con Siro del tema de la cabeza varios días más tarde, cuando éste regresó a visitarlo para organizar la recogida de su esposa, que finalmente había adelantado el viaje. Él era el encargado de autorizar la salida de la única camioneta hasta el pequeño aeropuerto, a varias horas de camino, y también de acompañarle, según la costumbre de la zona y por normas de la organización.

La euforia que le embargaba ante la llegada de su amor, hizo que retuviese a Siro en la choza hasta bien entrada la madrugada, bebiendo más y más del insípido vino de arroz, hasta que decidió echar mano de una de sus botellas, que aún tenía reservadas, y alargando la mano, agarró su vieja mochila.

- Siro, ¡tengo un regalo para ti! – Siro le miró.

- ¡Viene de España!, - añadió John.

- ¿Speña?, ¿eso lugar?

John sonrió.

- Es un país. Mi esposa es española – dijo John mientras abría su cartera y sacaba una foto que entregó a Siro.

- ¡Ah! Mujer guapa "musho"! – dijo éste, mientras miraba detenidamente la foto.

- Ahora está en "Kuala" – continuó sonriendo John – pero viene mañana a reunirse conmigo en la aldea. Hay muchas mujeres como ella en España. ¡Las españolas son las mujeres más bellas del mundo!

- ¡Mi marchar "Speña", mi quiero mujer española! – contestó Siro mientras se señalaba el pecho.

- ¡Bueno!, primero te daré tu regalo, -respondió John mientras arrastraba su mochila, metió su mano y sacó una de las botellas, que entregó a Siro, mientras leía la etiqueta.

– Vino de Rioja, mejor que el vino de arroz. Si te gusta el vino, te gustarán las mujeres - continuó John –, son como el vino: ricas, suaves, ¡de cuerpos llenos y turgentes!

Siro le miraba, pero no dijo nada, observaba fascinado el reflejo de la lámpara sobre el cristal con el oscuro líquido. Entregó la botella a John, que la abrió y sirvió el vino sobre los dos cuencos de madera que estaban en el suelo. Siro asió uno de los cuencos con ambas manos, examinó su interior a la poca luz reinante en la choza, y olfateándolo, puso un dedo dentro.

- Rojo – dijo – como la sangre.

- ¡Rojo!, como los labios de las españolas – le contestó John.

Siro se acercó el cuenco a los labios y tomó un sorbo. Hubo un momento de tenso silencio, mientras el nativo saboreaba deleitado el desconocido y templado vino.

- ¡Bueno! – Dijo, mientras John asentía con la cabeza - ¡mí "musho" contento con mujer del país de este vino!

- ¡Sí!, Carmen es mi segunda esposa, ¡es maravillosa! – volvió a asentir John.

- ¡Tú dar foto a mí, y yo contar historia del francés!

John quedo en silencio durante un momento, pero finalmente cogió su cartera y tomando la foto se la entregó a Siro

- ¡Toma!, ¡es tuya!

Siro contempló largamente la imagen de la mujer morena de cabello largo y rizado. Se la adivinaba feliz, reclinada sobre la baranda de un viejo velero. El sol del Atlántico se reflejaba en sus ojos, negros como las noches de la jungla. Puso la foto en el único bolsillo de su destartalada camisa, en el pecho, a la altura de su corazón, se apoyó sobre la pared de la choza y comenzó su historia:

- En 1925, un hombre blanco, que luego supimos era francés, fue encontrado inconsciente cerca de nuestra aldea, con un machete en la mano. Nuestra gente no había visto nunca a un hombre blanco. Mi abuelo le encontró. Lo llevó hasta su choza, que es esta misma, y le puso en el suelo, ahí...

Siro señaló hacía el lugar donde John dormía.

— Nuestra aldea pensó que era un dios, le trajeron muchos regalos, mujeres para amar, monos para comer y vino de arroz para beber. El francés tomó todo, pero una noche bebió demasiado vino de arroz. Anduvo borracho y tambaleante a través de la aldea, hasta que tropezó y cayó sobre una piedra afilada, se cortó la mano y dejó caer su machete. Mi abuelo vio la sangre manar de su mano izquierda, ¡no era un dios! Corrió hacia él, empuñó el afilado machete, ese mismo que cuelga sobre ti, y emitiendo el grito de guerra de la tribu le cortó la cabeza, que, como has podido comprobar, también continúa aquí.

Siro señaló a la cabeza encogida, que arrojaba su larga sombra sobre el suelo de la choza y terminaba sobre las rodillas de John.

Éste, agarró la botella de vino y bebió largamente de ella. El chillido de un mono se oyó por encima de los árboles, mientras las fantasmales sombras proyectadas por la lámpara, bailaban sobre la oscura piel de su anfitrión.

Siro sonrió y John se relajó, sintiéndose poco a poco más embriagado. Tomó otro trago del vino rojo sangre y miró al indígena. Sus ojos se encontraron por un momento, John levantó su mano izquierda y la cerró fuertemente.

- ¡Siro! – Murmuró John con voz estropajosa – ¡enséñame como reducir una cabeza humana hasta el tamaño de este puño!

Hubo un largo silencio, la cara del nativo se tornó aún más oscura, parecía que le hervían los ojos, calientes y rojos. La lámpara cerca de la esterilla chisporroteó; una mariposa de la noche se había posado sobre ella. Una ligera brisa mecía la rubia cabeza que colgaba de la entrada.

El silencio crecía por momentos, el balanceo de la cabeza era hipnótico. Delante y atrás, ida y vuelta, izquierda a derecha, derecha a izquierda…

-¡Mierda! – gritó Siro, dando un fuerte golpe con el puño cerrado sobre la esterilla en la que los dos hombres estaban sentados, hizo que uno de los cuencos derramara el espeso vino que contenía, formando un enorme charco carmesí entre los dos.

Los ojos de John parecían querer salir de sus órbitas, y las gotas de sudor que poblaban su cara parecían talmente de sangre, mientras que el rojo vivo del líquido derramado titilaba débilmente bajo la luz de la lámpara.

-¡De acuerdo!, - volvió a gritar Siro, mientras apuntaba con su dedo violentamente hacia la tétrica cabeza. – Te enseñaré a reducir una cabeza de tu tamaño a la del francés, ¡¡si tú me das a tu esposa!!

Entre las espesas brumas que poblaban su cabeza, sin abrir siquiera los ojos, adivinó los fuertes rayos del sol que se filtraban por entre las hojas trenzadas del tejado de la choza, mientras que una peluda y morena mano lo sacudía hasta despertarle totalmente. Siro arrojó una talega llena de fango junto a las esterillas donde dormía John, mientras que levantaba al mismo tiempo la mosquitera que llegaba hasta el suelo y que le envolvía. Un ojo sanguinolento le miraba desde la masa de negro fango. No pestañeaba.

-¡Dios mío! – Gritó John, mientras se sentaba de un salto sobre su duro regazo, aún medio dormido, y con un traqueteante dolor de cabeza que le empezaba en la nuca y parecía perderse dentro de él - ¡Has matado a alguien!

- ¡Ah!, nuestra generación no tiene tanta suerte – dijo Siro mientras miraba hacia el viejo machete que colgaba de la pared -¡Esta es una cabeza de mono, pero nos servirá!

Hizo una pausa, y miró largamente a John, que se palpaba la cabeza y no entendía nada de lo que estaba ocurriendo.

- ¡Escucha! – Volvió a repetir Siro, apuntando hacia la talega –Este fango negro viene de unas cuevas termales situadas bajo la cascada de Laka, que está a unas dos millas de la aldea. Este fango es muy espeso, la cabeza de mono se entierra dentro, con un ojo abierto, para mirar a los dioses.

El fango termal secará lentamente en dos semanas y romperá el cráneo, encogiéndolo. Cada día que pase será un poco más pequeño

John miró a Siro, asombrado de que éste le contase uno de los más recónditos secretos de su tribu, mientras intentaba recordar que había pasado durante la noche. Cuando bebía mucho siempre le ocurría; sufría una especie de amnesia, por la cual Carmen le reprochaba infinidad de veces, avisándole de que un día le pasaría algo grave. Lo olvidaba todo pero durante la mañana siguiente iba recordándolo poco a poco.

Sacó su cuaderno de notas y comenzó a escribir lo que Siro iba diciendo; no había nada escrito sobre el proceso usado por la tribu Dusun para reducir cabezas. Él lo había buscado durante años, era el gran secreto de los "cazadores de cabezas", y ahora, por fin, iba a aprender ese secreto.

De repente se detuvo, algo le vino a la cabeza.

-¡Esto es muy raro! – Pensó - ¿De qué hablamos anoche?

Miró hacía la puerta de la choza, donde se encontraban dos cuencos de madera y varias botellas de vino vacías.

-¡Vino!, ¡le regalé el vino! – mientras pensaba, su mano alcanzó su cartera y la abrió. La foto de Carmen no estaba allí. Su palidez aumentó.

Empezaba a recordar, ¡ella llegaba hoy! ¡Tenía que salir corriendo a buscarla, era un largo camino hasta el aeródromo, y no podía dejarla sola en aquel diminuto aeropuerto robado a machetazos a la espesa jungla que lo engullía todo. Carmen se sentiría horrorizada.

- ¡Siro! ¡No me cuentes nada más!, - dijo John atropelladamente – ¡debemos salir a buscar a Carmen al aeropuerto! Llegaba a media mañana, no podemos retrasarnos. ¡Se asustará mucho si no me ve allí! Me lo cuentas todo luego, cuando regresemos, ¡o mañana!

Se puso en pie precipitadamente, acomodándose sus arrugadas ropas como mejor pudo, atusándose el pelo mientras se dirigía, rápidamente, hacia la puerta de la choza, sin notar en la suave penumbra de la estancia, los dos grandes bolsos de viaje ni las dos cajas de vino que se encontraban apiladas junto a la puerta, ni a la sonriente mujer que se acurrucaba, sorprendida, junto a los bultos.

Siro continuó pausadamente con su explicación, ignorando la urgencia de John.

- …¡Un poco más pequeña, hasta que llega al tamaño de tu rodilla! Entonces pelamos el fango de alrededor de la cabeza y la dejamos remojar en el agua…

Año 1989

EL JARRON Y LA MACETA

(La vanidad humana a través de dos objetos
¿inanimados?

Había una vez en un lejano país, o quizá en una casa muy cercana a nosotros, un elegante jarrón de porcelana china, de lo más bonito que se pudiese imaginar.

Tenía un talle breve y esbelto, una boca adornada con una preciosa orla, y una bucólica escena campestre que le acompañaba en todo su contorno. Finalmente, unas flores de papel, crudamente realistas, semejantes a las de verdad, que imitaban la suavidad de los pétalos de las más bellas rosas.

Estaba este jarrón en el rincón más prominente de una lujosa estancia, a la cual no llegaba nunca la luz del sol y desde donde no se podía ver la calle. Las ventanas estaban muy lejos, en el extremo opuesto del gran salón.

El hermoso jarrón estaba todo el día quejándose, pues no comprendía como siendo él tan bello, estaba en este lugar tan oscuro, mientras que el ancho alféizar de los amplios ventanales situados en la pared opuesta, su lugar predilecto, estaba ocupado por una enorme maceta de barro, en la que descansaban, aburrida, una planta de hortensias, con enormes hojas verdes y frondosas, pero sin ninguna bella flor a la que admirar.

-¡Ay de mí, que desgraciado soy! ¿Por qué ocultan mi belleza en este horrible lugar?, ¿Es que no comprenden que yo debería estar en la ventana donde todo el mundo me admiraría? Pero… ¡ya ven!, en mi lugar han puesto esa horrible maceta con su cuerpo de barro y esas tristes hojas que nadie se digna mirar…

Mientras tanto me aburro aquí dentro, a la espera de que alguna visita se siente frente a mí y, si hay suerte, quizá mire para esta estúpida esquina... ¡Que mal repartido está el mundo!, ¡Ay!

Entretanto, la maceta, que era veterana en la estancia, escuchaba las quejas del jarrón. Prácticamente, desde su llegada hacía unas semanas, no paraba de decir siempre lo mismo. No podía alcanzar a comprender aquel extraño deseo.

Allí no se estaba nada bien. Muchas veces el sol era demasiado fuerte, y quemaba sus hojas. Otras, el frío y el viento atacaban su cuerpo que se estremecía dolorido. Siempre veía las mismas caras hurañas y llenas de preocupación que nunca perdían un minuto en admirar las tiesas y dinámicas hojas que poblaban su cuerpo. Un vestido que cambiaba según la época del año, de marrones a intensos verdes al llegar el buen tiempo. Sin embargo comprendía bien que aquel era su deber: llenar un poco aquella enorme ventana vacía y, de vez en cuando, muy de vez en cuando, alguna triste sonrisa doblaba la cabeza y alegraba su mirada al ver el brillante colorido de las flores que acompañaban a sus alegres hojas cuando llegaba el tiempo de florecer. Su destino había sido aquel y no le valía nada rebelarse contra él.

Entre el descontento jarrón protestón y la pobre maceta que tan bien se había resignado, paso algún tiempo, y llegó la primavera, precursora del verano al que tanto temía esta última. No sólo porque atraía la atención de no pocos jóvenes gamberros, que jugaban afinando la puntería con grandes tirachinas de madera, sino porque la dueña de la grandiosa mansión aprovechaba los largos días del buen tiempo para limpiar y poner la casa a punto. El oscuro y gran salón se veía así cubierto de enormes sábanas que tapaban por completo sus muebles; los cuadros y decenas de objetos se trasladaban a otros lugares y, como por arte de magia, el jarrón sería colocado en la ventana, junto a la maceta, quizá por una mano inexperta o por una jugada del destino.

Al principio, el jarrón no podía creer lo que estaba ocurriendo, su mayor sueño se había realizado… ¡Ver la calle! Desde allí podía admirar las anchas calles que rodeaban la casa, con grandes y frondosos árboles que flanqueaban las avenidas; frente a la ventana, abierta de par en par para dejar entrar la suave brisa, había un edificio enorme del cual emergían corriendo desaforadamente una cantidad ingente de niños de todos los tamaños. Era un colegio, y las madres y padres que acudían a recoger a sus retoños creaban un caos de bocinas, coches y carritos de bebés, formando una algarabía imposible de ignorar. Pero todo pasaba muy rápido y el jarrón estaba muy contento.

-¡Por fin!, ¡Qué alegría! Ya estoy en el mejor lugar de la casa. ¡Mira, mira! – le dijo a la maceta – mira cuántas cosas, ¡Cuántos coches! Y ¡cuánta gente!

La maceta le miró aburrida y suspiró.

-Sí, todo es muy bonito ahora, pero si llevaras aquí mucho tiempo te aburrirías igual que yo, y todo te parecerá muy triste. Las personas van demasiado aprisa, ocupadas con sus problemas, y no se detendrán a contemplarte nunca. Vendrán los gamberros y te arrojarán piedras para probar su puntería. A mí no pueden hacerme daño con una simple china porque tengo un barro duro y resistente, todo lo más saltarme una esquirla de mi cuerpo de terracota, pero a ti te harán pedazos enseguida.

-¡Bah! – Le contestó el jarrón – a ti te tiran piedras porque eres fea y aburrida, llena de hojas, con esas flores que pronto desaparecerán, pero cuando me vean a mí tan bonito y alegre, seguro que todos se detendrán a contemplarme.

Como si hubiese formulado un deseo, una pandilla de jóvenes se detuvo frente a la ventana y miraron hacia arriba. El jarrón, ufano, dijo:

- ¿Ves? ¡Estúpida maceta!, todos me miran y alaban, te has equivocado.

La maceta sólo hizo una mueca. Demasiado bien sabía ella lo que pasaría a continuación. Pero era imposible esconderse, la amplitud de la ventana abierta ofrecía un blanco indiscutible y solo ellos estaban allí. El jarrón de porcelana con su débil fragilidad, endeble y arrogante, y la inmensidad estoica e imponente de la maceta de barro. Que pensó, para sí misma...

- ¡La vanidad pierde a las personas, pero también a las cosas!

Abajo, en la calle, los muchachos se arremolinaban bajo el alféizar, midiendo distancias. Uno de ellos, el que parecía ser el líder del grupo, sacó un tirachinas perfecto del bolsillo trasero del ancho pantalón diciendo:

- A ese estúpido jarrón me lo cargo yo, ¡ya veréis!

Todo el grupo se puso a reír al unísono, mientras el chico afinaba la puntería apuntando al jarrón, que aterrado empezó a temblar.

- ¡No, no puede ser, te van a tirar a ti!

El sonido de los trozos rotos de porcelana cayendo hacia dentro de la estancia y sobresaltó la paz de la misma.

Varios habitantes de la casa acudieron corriendo en tropel para averiguar qué había pasado allí.

Mientras, la maceta, muda testigo del trágico final del bonito jarrón, parecía mover lastimosamente la cabeza mientras pensaba:

- ¡Otra vez lo mismo!, ¡otro jarrón que se va!, después de la limpieza aparecerá uno nuevo en el mismo sitio que los anteriores, que llorará y llorará hasta que lo pongan en la ventana, y aunque le avise del peligro, terminará igual que los demás, ¿Porqué no me creen cuando les digo que no merece la pena?

- Quizás sea duro aceptar la brevedad de la belleza de una flor, pero peor será el saber que tu hermosura es tan efímera que será reemplazada y relegada al oscuro cajón del olvido, donde morará para siempre y de donde nunca regresarás. ¡Le doy las gracias a mi creador por haberme hecho tal como soy!

Dicho esto, sus flores y hojas parecieron estirarse hacia la calle, mientras los restos del jarrón eran barridos del suelo y depositados en la basura.

R.I.P.

Año 1975

LA SOMBRA DE OTRA VIDA

(Una segunda oportunidad)

Se acercó al teléfono y lo descolgó con manos temblorosas. No le había costado demasiado trabajo encontrar los apellidos en la guía telefónica de la ciudad, eran bastante peculiares y nunca había podido olvidarlos, ni a ella tampoco. Divino Galán aparecía entre las numerosas páginas pocas veces, dos "aes", otro par de "pes", y tres "ces", ninguna "dé", así que se decidió por una de las "cés", y tuvo suerte a la primera, era una de sus hermanas, recordaba que tenía dos, Candela y Alicia.

- ¿Dígame?

- ¡Buenas noches!

Titubeó un momento

– ¡Perdone señora! Le parecerá extraño, pero estoy tratando de encontrar a una vieja amiga, Araceli, que creo recordar vivía por ahí, cerca de la Plaza de San Miguel. Sus apellidos eran los mismos que los de usted, señora, y he pensado que quizás sea familia de ella o la conozca de algo. Soy un amigo suyo de Cádiz, aunque hace mucho que no la he visto, y me gustaría poder volver a verla. ¿Podría usted ayudarme?

El silencio duró apenas unos segundos, y la respuesta le desconcertó y sorprendió por completo, no la esperaba.

-¡Hola!, ¿eres Andrés Bueno, verdad?, de Caños, ¿sí?

- ¡Sí, sí! ¿Quién eres? ¿Cómo te puedes acordar después de tantos años? ¿Esta es la casa de Araceli?

Apenas podía controlar la emoción que le atenazaba la garganta, impidiéndole casi vocalizar apropiadamente.

- ¡No!, esta es mi casa, soy Candela, su hermana mayor, Araceli vive en la casa de mis padres, que murieron hace unos años, te doy el teléfono ahora mismo y seguro que la pillas antes de que se acueste, se levanta muy temprano!¡Se pondrá muy contenta de oírte!

No quiso preguntarle si se había casado, si tenía hijos, nada, apuntó el número en un trozo de papel de forma casi automática, y apenas acertó a darle las gracias a la mujer, que le conminaba a llamar a su hermana inmediatamente.

Volvió a marcar los números, esta vez aún más temblorosas las manos, y un sonido galopante que le empezaba en la boca del estómago. Lo dejó sonar varias veces, y cuando estaba apunto de colgar el aparato, una suave voz que le llenó la mente de recuerdos casi olvidados le contestó desde el otro lado.

-¿Sí, quién habla?

El momento exacto de cuando la conoció le vino a la cabeza, apenas le había cambiado la voz, y se la imaginó ladeando la cabeza hacia un lado y tocándose la larga melena, lo que solía hacer cuando preguntaba algo.

Se la presentó un buen amigo, Antonio José, que siempre fue "El socio", uno de esos amigos que no te abandonan jamás, y de los que evitas cuando estás en un mal camino, porque temes que te convenzan.

Todos andaban por los 22 años, y se conocían desde niños, del colegio y de la calle. El Socio ya andaba estudiando para patrón de máquinas de barcos, lo mismo que los otros amigos, el Varo, y el Chato, que también tenían claro lo que iban a hacer. Todos menos él, al qué una diabetes mellitus que le llegó de improviso al comienzo de su pubertad, le truncó todas sus ilusiones de hacerse delineante, que era lo que más le gustaba, seguido de la muerte de su padre, un pobre pescador del pueblo, que él estaba seguro había muerto del disgusto, pues nunca pudo llegar a entender porque su hijo de tan sólo trece años tenía que pincharse con una aguja tres veces al día, en su familia todo el mundo estaba sano, y lo achacó a su vejez, y poco a poco se fue apagando hasta que un día desapareció dejándolos solos, especialmente a él, que se sintió culpable de su muerte durante mucho tiempo.

Hacer planos de casas era su mayor ilusión, y había empezado a trabajar de albañil justo con catorce años, de peón, y a pesar de los altibajos producidos por su enfermedad, a sus veintidós años ya era casi oficial de primera, y se dedicaba a dar presupuestos para pequeñas obras y reformas que hacía prácticamente sólo, pues no había muchas empresas que quisieran contratar a un diabético que sufría de numerosas subidas y bajadas de azúcar desde el principio de su dolencia.

Corrían en esos años por España un aire europeísta, se ingresó en la Comunidad Económica Europea, en la OTAN, explotó el Challenger y un reactor nuclear de Chernobil, había empezado "la Perestroika", y todavía gobernaba Felipe González, mientras que en el pueblo muchos de los chavales empezaban a fumarse sus primeros porros a los quince años, y los de veinte empezaban a probar otras cosas más duras.

Ellos eran diferentes, más responsables, y aunque ya habían probado el cannabis, ninguno había pasado de ahí, y se les tenía como modelos de chicos "formales y serios" en la pequeña comunidad donde vivían.

Era una noche de sábado, verano caliente en la costa de Cádiz, en el paseo marítimo, el Socio les había contado de un chaval de Córdoba que había venido a desengañarse de las drogas, de las malas.

Ya había estado en un centro, y la familia y amigos lo habían traído hasta allí para alejarlo de las malas compañías. Por lo visto eran amigos de su madre, y le habían encargado que lo distrajese, vendría con alguien más, pero nunca se imaginó a una mujer como aquella.

Sería sobre las diez cuando aparecieron los cuatro, dos chicos de parecida edad, una chica morena que se adivinaba alta desde lejos, y Antonio José.

- ¡Hola gente! –saludó este último mientras abrazaba a sus colegas uno a uno. – ¡Estos son Javier, Alonso y Araceli, vienen de Lucena, en Córdoba, a pasar unos días, y el Javier viene un poco "apucherao" porque se está recuperando de una racha "mú" mala con la heroína!

El llamado Javier era el más bajo de los chicos, muy delgado, aunque estaba bronceado por el sol de la mañana, se le adivinaban unos ojos tristes y cansados, y vestía camisa de manga larga a pesar del calor que hacía, aún estando a la orilla del mar. No hizo ningún ademán de alargar la mano, movió simplemente la cabeza y siguió mirando hacia ningún lado. Alonso fue más expresivo, y les saludó con un enfático apretón de manos, pero la palma se la llevó la chica, ella, Araceli.

Le estampó dos efusivos besos a cada uno en ambas mejillas, y realmente pudo comprobar que era bastante alta, pues tuvo que inclinarse para besar a sus colegas, y a él, que pasaba largo del metro setenta, le llegaba casi a la cabeza, y también que olía muy bien. Un sutil perfume que con el tiempo descubriría era "Air du Temps", de Nina Ricci, y que nunca volvería a oler desde que ella desapareció de su vida.

Tenía un pelo negro que llevaba muy largo y liso, atado en una enorme cola encima de la cabeza, como la crin de un caballo árabe, lo que la hacía parecer aún más alta. No llevaba tacones, y vestía unas cómodas bailarinas azules. Era delgada, pero de cuerpo contundente y recio, acostumbrada al deporte. Lo que más le impactó de ella fueron sus ojos, verdes como el color de los pinos de la Breña, y su sonrisa, de boca ancha, con dientes perfectos, que enseñaba casi constantemente, pues no paró de reírse en casi toda aquella primera noche.

Fue la primera de muchas noches, al principio iban todos juntos, pero ellos siempre hacían un aparte, y poco a poco fueron conociéndose, sin descuidar nunca la atención a Javier, que cada día se integraba más, y del que supo era su primo, lo mismo que Alonso, que era su hermano. Ella tenía otras dos hermanas y un par de hermanos, era la más pequeña de todos, y la más especial, igual que él mismo.

Después de esa primera visita se sucedieron otras muchas. No le importó que fuese diabético, conocía a alguna amiga que lo era y llevaban una vida normal con niños y todo, así que aunque tenía que desplazarse varias horas desde la provincia de Córdoba para llegar, era siempre ella la que lo visitaba en el pueblo, ni una sola vez fue él a su casa, excepto aquél aciago día cuando se presentó de improviso en la pequeña ciudad cordobesa.

Algunas veces venía con sus padres, o con algunos de sus hermanos, y alquilaban un piso, pero cuando venía sola, después de pasar por varios hostales, terminó por quedarse en su propia casa con él, donde su madre estaba encantada con ella. Era risueña, educada, limpia, ¡una joya!, decía, echando de menos la presencia de sus dos hijas que ya no vivían con ella hacía tiempo.

Tenían un sentido del humor muy parecido, y cuando llevaban varios meses juntos bromeaban con los apellidos de ambos.

- ¡Imagínate! Cuando tengamos niños, si es una hembra la podríamos llamar ¡Dulce Bueno Divino!, ¡sería un cachondeo en el colegio con un padre con azúcar!

Ella se reía y abogaba más por llamarla un nombre más exótico, como Yamilé o Aynara, pero siempre cambiaba el tema después de un rato. No conseguía extender sus conversaciones sobre el futuro durante mucho tiempo, y sobre todo no descansaba apenas nada cuando estaba con ella.

Era un torbellino de actividad constante, hasta después de hacer el amor, cuando no conseguía permanecer quieto más de cinco minutos, pues inmediatamente ella se le echaba encima y le exigía que hablase y se moviese haciéndole cosquillas para conseguirlo, no podía entenderlo, pero era así, ella odiaba la inactividad y la quietud, decía que se imaginaba la muerte como algo así y no le agradaba.

No fue hasta el final del siguiente verano cuando se enteró, no podía soportar vivir así por más tiempo, las frecuentes despedidas cada día le dolían más, y la separación se le hacía cada vez más difícil, y no consideraba que con veintitrés años se fuese demasiado joven para formar una familia, por lo tanto, un día, casi sin pensarlo cogió el autobús de línea, una pequeña mochila como equipaje para unos días, o quizás meses, y se plantó en Lucena sin avisar.

Nunca había visitado la provincia de Córdoba, y no podía imaginar que un día significaría tanto en su vida, así que la inmensidad de los olivares le desconcertó, y el tórrido calor que se desprendía desde el asfalto de la estrecha carretera le hizo comprender porque Araceli adoraba pasear descalza por las blancas arenas de su pueblo.

La humildad de los olivos contrastaba con el porte arrogante y alegre de sus pinos allá en Cádiz, y la entrada del pueblo le sorprendió, no imaginaba que hubiese tanta historia contenida por las estrechas calles de Lucena, ni mucho menos que tuviesen un castillo, ni iglesias tan antiguas, y sobre todo que estuviesen de feria, pues ya era mediados de septiembre, y él estaba acostumbrado a su feria de verano, en el mes de julio, feria de mares y fuegos artificiales, de días de playa y juegos de cucañas, y sobre todo, feria de encuentros con amigos y visitantes.

Cuando bajó en la estación de autobuses, lo primero que hizo fue preguntar a un grupo de chicas que parecían ser de allí, y que le contestaron muy alegres que era la Feria Real de Nuestra Señora del Valle, que eran los dos últimos días y que terminaría el domingo siguiente.

Aprovechó para indagar por la zona que tenía que buscar, era por la Plaza de San Miguel, cerca de la Parroquia de San Mateo, y estas, gustosamente se ofrecieron para acompañarlo.

No le fue difícil encontrar la dirección, la había conseguido una vez cuando tuvo que enviarle a Araceli el "deneí", que se había olvidado en su casa, y la había grabado en su cabeza.

La casa estaba situada en pleno centro, era una segunda planta de un vetusto bloque de cuatro, y apenas podía controlar la ansiedad cuando apretó el timbre.

Fue su madre, Aurora, la que le abrió la puerta, y la que lo recibió con evidentes muestras de alegría, era la hora del almuerzo, y estaba toda la familia en la casa, exceptuando a sus hermanas casadas.

Aunque todo el mundo expresó alegría ante su inesperada llegada, no pudo dejar de advertir una expresión de tristeza y preocupación en el bello rostro de Araceli, quién después de besarle casi distraídamente, agarró su mochila y le condujo hacia una de las habitaciones donde se suponía que pasaría aquella noche.

-¡Mi niño! ¡Estás loco! ¿Cómo se te ocurre venir sin avisar? ¡Dios! ¡Qué alegría me da verte!

Le abrazó fuertemente y le besó con verdadera pasión, como hacía en el pueblo, no el beso desangelado y frío que le había otorgado cuando llegó, realmente sintió que ella lo amaba, ahora sí.

- ¡Araceli!, ¡Tenía tanto miedo de verte, y al mismo tiempo estaba deseándolo! ¡No puedo estar sin ti, y quería darte una sorpresa, o a lo mejor quería pillarte con algún amante, nunca has dejado que viniese a verte, y tenía que saber cómo y donde vivías!

-¡Que tonto eres!

A pesar del tono jocoso con el que ella le había contestado, no dejó de percibir la misma preocupación que había velado su rostro cuando había llegado hacía media hora, y se decidió por contarle las verdaderas razones por las que había decidido ir a buscarla.

Se lo planteó con total seguridad, además ella ya tenía dos años más que él, así que no consideraba que verdaderamente fueran tan jóvenes para dar aquél paso que él consideraba tan crucial en sus vidas.

- ¡Araceli! ¿Por qué no te vienes a vivir para allá conmigo?, o si quieres me vengo yo a tu pueblo, seguro que hacen falta buenos albañiles por aquí, y sino, puedo aprender a trabajar la madera y buscar algún sitio en una casa de muebles. Y si no te apetece nos podemos ir a otro lugar, a Canarias o a la Costa del Levante, pero quiero que estemos juntos, que trabajemos y ahorremos dinero para casarnos y poder tener hijos, ¡es lo que más deseo en el mundo!, Araceli, ¡por favor! ¡Dime que sí!

Nunca podría olvidar la desolación y la tristeza que se dibujó en su hermoso rostro, ni las lágrimas que asomaron inmediatamente en sus ojos, que angustiada, se cubrió de repente con las manos mientras un llanto incontenible la sacudía por completo de arriba abajo.

- ¡Lo siento tanto, Andrés! ¡Te juro que no quería hacerte daño!, pero yo también me he enamorado de ti y no quería perderte. ¡Lo siento tanto, mi amor!

Pero no puedo hacerlo, hay algo sobre mí que deberías haber sabido hace mucho, quizás al principio, pero nunca pensé que esto llegaría tan lejos, y hace unos meses que mi familia me viene diciendo que debería contártelo, pero no tenía las fuerzas para hacerlo, ¡perdóname si puedes!

Andrés no pudo entender nada de lo que pasaba en ese momento, no podía imaginarse que era aquello tan terrible que tenía que saber, y su diabetes, una vez más, y a pesar de que hacía mucho tiempo que no le pasaba le jugó una mala pasada. Empezó a sentir un cosquilleo en la boca del estómago, mientras que el mareo le invadió por completo, tuvo que sentarse en la cama, le estaba dando una hipoglucemia, y la conversación terminó bruscamente.

Tuvieron que pasar dos días, uno en la sala de urgencias del ambulatorio, donde le tuvieron que llevar para que superara la crisis y otro en la habitación del hospital donde le dejaron en observación, para que pudiese terminar de contarle la historia, prometiéndole una y mil veces que no era nada sórdido ni sobre ninguna terrible enfermedad, era sólo una cuestión de principios, por la que todos la consideraban una loca, pero que ella no podía ni debía remediar.

Tenía un novio desde hacía siete años, Ángel, de veintisiete. Le conoció cuando ella misma contaba con diecisiete años recién cumplidos, en el instituto, y formaban una pareja feliz, llenos de ilusiones y esperanzas, pero hacía cuatro, cuando faltaban apenas dos días para su boda, que juntos habían tenido un accidente de moto, que podría haber sido considerado más como una caída aparatosa, en la que a ella misma apenas le supuso algunos rasguños, pero no así para Ángel.

Se había quedado tetrapléjico, postrado en una cama, no podía moverse, sólo los ojos y un dedo, a veces, así durante los muchos cientos de días que llevaba enterrado en vida, últimamente en una habitación de su propia casa, rodeado de multitud de cables y máquinas, con la constante vigilancia de una enfermera y todos los familiares, que no cesaban de pasar por allí para dedicarle algunas dulces palabras de ánimo que nadie sabía si el enfermo escuchaba. Los médicos habían sido claros, respiraba por sí mismo y podría estar así días, meses o años, como venía siendo hasta ahora.

Al principio ella estaba allí casi permanentemente, pero poco a poco la habían ido alejando, especialmente cuando lo traían de regreso de una de sus innumerables revisiones del hospital; requería un poco más de descanso y desaconsejaban las visitas, así hasta llegar al día de entonces, cuando seguía visitando al enfermo, aunque las visitas se habían convertido en cuatro o cinco días del mes en los que permanecía junto a su cabecera, mirándole fijamente mientras esperaba un parpadeo o un leve temblor en los dedos.

Resultaba agotador el regresar a la dura realidad después de cada una de sus visitas, y Andrés había supuesto para ella un soplo de aire fresco al principio, convirtiéndose en el oxígeno que la sustentaba de vida, y ante el miedo que tenía de perderlo no le había contado nada. Sabía que era muy duro pedirle a nadie que estuviese junto a ella hasta que Dios o el Destino quisiesen arrancar a Ángel de aquel sufrimiento que suponía la No-Vida, pues ya hacía mucho que había dejado de creer en los milagros.

No recordaba cuantas veces más la vio después de aquello, pero si que los dos habían llorado mucho cuando se despidieron, él se marchó a Canarias, no quiso seguir en el pueblo, no sin ella, y menos pensando que quizás fuese lástima lo que ella sentía por él a causa de su diabetes, después de todo llevaba años atada a una cama realmente por lástima, pero ya habían pasado dieciséis años desde aquel día, y muchas cosas.

- ¿Sí? ¿Quién es, por favor? – el familiar timbre de su voz le devolvió a la realidad.

- ¡Hola Araceli! ¡Soy yo, Andrés!, ¡no sé si te acuerdas de mí! – ahora sabía que sí.

En el silencio que se palpaba al otro lado se percibió un leve suspiro, y esta vez la voz adquirió su antiguo tono de vida, igual que cuando se conocieron.

-¡Andrés! ¡Claro que me acuerdo de ti! ¡Por favor! ¿Cómo se te ocurre preguntarme eso? ¿Qué tal estás? ¿Que es de tu vida, y como me has encontrado después de tanto tiempo?

Así la recordaba, directa y sincera, a pesar de que le mintió en lo más importante, pero la había perdonado hacía tiempo, cuando llego a comprender el sentido del sacrificio que había tenido con sus propios sentimientos. La pregunta siguiente era inevitable.

-¡Yo estoy bien, ya te contaré! Pero primero hablemos de ti…¿Qué pasó con Ángel?, ¿sigue igual? – esperaba y temía la respuesta, no sabría que contestarle si era positiva.

- Murió hace cinco años, sin ninguna mejoría y ayudado por una máquina al final, para respirar, estuve junto a él hasta el último momento, – no esperó la siguiente pregunta – y hace dos años conocí a un hombre y estamos preparando la casa en el pueblo para irnos a vivir juntos dentro de unos meses, a probar que pasa. ¿Y tú, que tal?

No sabía por donde empezar, tenía tanto que contarle y sobre tantas cosas que necesitaría muchos días para hacerlo, y sólo optó por decirle lo más importante de su vida en esos momentos.

-¡Ya no soy diabético! ¡Me han transplantado hace un año y medio de páncreas y riñón y puedo comer de todo, y no necesito insulina!

La respuesta fue casi innecesaria, su grito de júbilo lo dijo todo.

-¡Dios mío! ¡Que cosa tan increíble! ¿Cómo te sientes ahora? ¡Dios, es un milagro! ¿Qué has hecho durante estos años?

- ¡Bien! Me transplantaron en Córdoba, y desde que llegué allí quería buscarte, pero no me he decidido hasta ahora.

Quería continuar, y decirle que había esperado hasta que había engordado más de veinte kilos, y las muchas huellas que el paso del tiempo y la vida le habían dejado marcadas en la cara se le hubiesen disimulado un poco. Que había perdido un ojo y muchas vidas, pero no dijo nada de eso. Esperó la pregunta ansiosamente, y llegó y la sintió de corazón.

-¿Cuándo vienes a revisión? ¿Podríamos vernos cuando vinieses la próxima vez? Mis padres murieron hace unos años, pero a mis hermanas les encantará verte otra vez, y a mí también. Hace cuatro años fui a tu pueblo, y te ví, no parecías tú, y me dijeron que estabas con una mujer y varios niños. No me atreví a acercarme.

Se quedó perplejo pues no se esperaba la noticia, y de repente sintió vergüenza, y quiso terminar la conversación, como fuese. No le prometió nada, la próxima vez sería en un mes, y ya vería como andaba de tiempo (y de dinero también, pero eso no se lo dijo), y después de varias palabras de mera cortesía para despedirse, terminó la llamada con un escueto...

- ¡Hasta pronto!

Sintió como le sudaban las manos, y se dio cuenta de que había estado apretando incontroladamente el teléfono sobre su oreja. Lo dejó sobre la mesa y se dirigió a la cocina, agarró un vaso de agua y volvió al salón, derrumbándose sobre el sofá. El corazón le latía muy rápido, el oír la voz de ella comentándole tan abiertamente que había regresado a buscarlo le había removido algo muy profundo en sus entrañas.

No le parecía normal, los sentimientos que le embargaban le eran prácticamente desconocidos. A sus casi cuarenta años, quince de ellos se los había pasado viviendo en otro mundo, ajeno a cualquier deseo que no fuese el de galopar a lomos del "caballo de la muerte".

No le había frenado nada, ni la familia que le adoraba, ni los amigos que le veneraban por su simpatía y compañerismo, ni las mujeres ni los hijos que había tenido en esos años, ni el recuerdo de Araceli y de su primo que finalmente había sucumbido a la temible "galopada", ni tan siquiera su condición de diabético.

Todo lo había vivido desde una infranqueable barrera a la que no se acercaba nada, ni el amor, ni las risas ni los llantos, ni la riqueza ni la pobreza, ni las entradas de los veranos ni de los inviernos, ni hermanos ni padres, ni hijos ni sobrinos, tan sólo lo acompañó la mentira y la soledad, pues fue su vicio solitario, sin compartir nunca con nadie.

Viajes extraños a lugares donde sólo habitaba él, libre de enfermedades y cargas, de miedos y peligros, acompañado siempre por la Dama de la Mentira que era la heroína, a la que conoció pensando que abría las puertas del paraíso y cayó de cabeza en las entrañas del infierno, llenando su vida de una extraña desesperanza que lo había atrapado durante todo ese tiempo.

Las irreparables pérdidas de amigos y familia acontecidas en aquel lapso de tiempo apenas habían rozado su corazón, excepto cuando se fue su madre, aunque también lo recordaba como en una evanescente nebulosa que aún no se había disipado, recordándole que había sido prisionero de su propia voluntad, como si de una vulgar marioneta se tratase.

La probó casi nada más llegar a Canarias, la heroína, en una reunión con varios conocidos de Cádiz, él era el más joven, y recordó lo mal que le supo la primera vez, pero fue sólo eso, la primera vez, después ya no, se hizo adicto prácticamente desde el principio, y trabajó únicamente para pagarse su vicio, viviendo en las mismas obras donde trabajaba, hasta que casi tocó fondo y volvió al pueblo, y a su primer centro, de los muchos que siguieron después.

Durante mucho tiempo pensó, en sus pocas etapas de lucidez, que quizás lo había hecho por culpa de ella, porque en verdad se había sentido destrozado y engañado, pero lo descartó después de haber conocido a la tercera mujer que pasó por su vida, también se enamoró de ella, y no dejó la droga por eso.

Pero un día, en una de sus etapas de desintoxicación, mientras que hablaba con uno de los sicólogos, se dio cuenta de que también había sido porque sintió el verdadero alcance de lo que significaba ser diabético, a pesar de que los médicos le repitieran hasta la saciedad que con la dieta estrictamente controlada al principio, y la insulina, tendría una vida normal, pero él no lo sentía así, y fueron muchas las veces que se sintió alienado en cumpleaños y fiestas, cuando no existían aún los increíbles "sin azúcar" que fabricarían años más tarde, pero aún así, siempre decía que no era lo mismo el turrón normal que el de diabéticos, y el hecho de haber entrado en el sórdido mundo de la droga, había sido un estúpido desafío a su enfermedad, que continuaba implacable, minando cada órgano de su cuerpo, ayudada por la desgana y la desidia con la que él vivía su vida.

Estuvo unas cuantas veces al borde de la muerte, llegando casi hasta el coma diabético, del que milagrosamente se había escapado unas cuantas veces, más de las que podía recordar, perdió un ojo en su única operación de retina, y por fin, le fallaron los riñones, y ahí fue verdaderamente, cuando se dio cuenta de que no había llegado a percibir de manera absoluta el estado real de deterioro al que había llegado su cuerpo.

Recordaba claramente como estaba con el tratamiento de metadona, en su última fase, cuando tuvo que comenzar con las duras sesiones de diálisis a las que se tuvo que someter durante el último año antes del transplante.

Fue el período más duro, tenía problemas con las fístulas, con las venas, con todo, y los nervios le jugaban una mala pasada de vez en cuando, y además, la situación económica y personal de la familia que le esperaba en su casa no ayudaba en nada.

Las responsabilidades que él mismo se había buscado en una época en la que todo se reducía a buscar y conseguir la droga de la manera más fácil, le había llevado a embarcarse en una seudo-familia que le permitía moverse en aquel mundo sin levantar sospechas.

Una familia formada por otras personas y que él asumió como propia, y que cada día le había ido pesando más, y a la que había terminado por abandonar meses antes de la operación, en parte, porque no podía mantenerse ni a sí mismo, y tuvo que recurrir una vez más a la caridad de la verdadera familia que le quedaba, y que nunca le había abandonado.

También porque al haberse limpiado totalmente de la lacra mental y física que le había dejado la maldita droga, se sintió sucio y vacío, y lo único que podía ver era que necesitaba alejarse de aquel mundo, y de toda la gente que le recordaba algo del mismo.

Pero ahora todo era diferente, se había dado cuenta hacía unos meses, cuando hacía cuatro que estaba viviendo con los órganos de otro, aquella bendita alma que le había devuelto la vida.

El no ser esclavo de la aguja y la insulina le había supuesto más que cuando consiguió dejar primero las drogas, y luego el programa de metadona en el que había estado durante tres años. Esto lo había conseguido sólo, pero la esclavitud de la medicación con la que había estado sobreviviendo todos esos años había sido obra de alguien más.

Al principio le costaba trabajo decir gracias a Dios, pero conforme pasaban los días y su cuerpo se fortalecía, y la primera vez que consiguió comerse un bombón de helado Mágnum, de los que llevaba tantos años viendo en los carteles veraniegos de las heladerías y kioscos y que nunca había podido saborear sin ninguna reacción adversa, ese día en verdad creyó en los milagros, y fue la primera vez que entró en una iglesia después de muchísimos años, para rezar un padrenuestro que apenas recordaba, por la memoria de aquel chaval joven, que había tenido que morirse en la provincia de Córdoba para que él, un drogadicto rehabilitado pudiese volver a vivir la vida que ya casi había olvidado.

El impacto había sido brutal, no se esperaba que una de sus hermanas le hubiese tomado fotos mientras que permaneció en la UCI y en la unidad de aislamiento del hospital Reina Sofía de Córdoba, mientras que se recuperaba lentamente de su transplante. Se quedó sobresaltado.

Recordaba los dolores, y la incomodidad, pero nunca podía imaginarse que su imagen resemblaba la de un Cristo caído, cubierto de cables, parches, y rodeado de máquinas, que su rostro había sido ese durante los últimos quince años. Quizás porque apenas se había detenido a mirar su imagen en un espejo durante todos esos años, no quería ver el semblante que tenía una persona derrotada, herida de muerte por las propias heridas inflingidas a sí misma.

Desde ese día habían pasado muchos meses, y poco a poco había ido viendo como su cuerpo agradecía el mimo que le prodigaba, no fumaba, daba largos paseos, empezó a meditar y a hacer ejercicios suaves de yoga, y con su único ojo y ayudado por una lupa comenzó a leer y a estudiar libros sobre programas de rehabilitación de las drogas.

Este era el nuevo Andrés que él quería que la sociedad volviese a encontrar, ya había hablado con el director del centro de rehabilitación de drogadictos del pueblo, y lo tenía decidido, empezaría a trabajar ayudando a que otros que aún andaban metidos en el sombrío mundo de las drogas consiguieran dejarlo, lo mismo que él había hecho. Esta vez, lo mismo que había logrado hacer con su enfermedad, quería enfrentarse cara a cara, y desde el otro lado, con aquella vida que le había marcado durante tantos años.

Y por eso, aquél día había decidido volver a buscar a Araceli, y ahora que la había encontrado, podría quizás cerrar aquel paréntesis que nunca debió haber abierto, y ahora estaba seguro también, de que con la ayuda de su recuerdo, podría volver a encontrar otra vez al Andrés vigoroso y divertido, que planeaba recorrer el planeta en busca de aventuras, que siempre hacía reír a todo el mundo con sus chistes, el qué se preocupaba de que todo el mundo estuviese bien y que ayudaba a todo el que lo necesitaba aún si pedirle ayuda.

Ese era el Andrés que ella encontraría, a pesar de las sombras de otra vida...

Mayo 2006

LA MALETA

(El regreso de una viajera)

CAPITULO I

Se sentía asfixiada, el enorme montón de bolsos y maletas encima de ella la apretaban contra las frías barras del portaequipajes. Era conducido a través del andén y trastabillaba al pasar sobre los minúsculos obstáculos que había en el serpeante camino. Ella casi no tenía tiempo de recuperarse de un trastazo, cuando enseguida llegaba otro. No sabía como había llegado hasta allí. Bueno, sí, todo había empezado por la mañana muy temprano, cuando de repente se abrieron las puertas del oscuro armario donde había permanecido tanto tiempo que ya no lo recordaba.

Sus dueños eran una pareja que rondaban los cincuenta, y vivían juntos desde hacía casi treinta años. En realidad su verdadera dueña era la mujer, la había comprado para su primer viaje, cuando la vida aún era una gran aventura. Una enorme maleta verde, con su cierre de combinaciones y un cuerpo rígido y duro, preparado para largos viajes.

Durante un tiempo, después de haber estado sola, o acompañando a desconocidos cepillos de barrer, aspiradoras y viejos abrigos en muchísimos armarios, compartió su espacio en un trastero con un par de mochilas compradas años más tarde que ella.

Las mochilas venían ya en pareja, y de marca, claro. De esas que están garantizadas para toda la vida, aptas y cómodas para ser llevadas en expediciones a zonas montañosas y remotas, donde se tiran desde lo alto de altísimos trenes y autobuses, o son transportadas a lomos de cualquier animal inverosímil utilizado para cargas en los países mas lejanos.

La última vez que vio a aquella pareja, iban camino de Marruecos. De allí volvieron sus amos al cabo de veinte días, contentos pero cansados y enfadados. Sin las mochilas. Las habían perdido a lo largo del viaje, en una de las escalas del tren de Marrakech a Tánger. Las mochilas no llegaron, y aunque las reclamaron, no tuvieron tiempo de esperar. Nunca más se supo.

Mucho antes, había coincidido con ellas en un largo viaje al sudeste asiático, donde visitaron lugares tan maravillosos como Nepal, lleno de montañas altísimas. Ella se quedó en Katmandú., Después sólo se llevaron a las dos mochilas para viajar por el resto del país en pequeñas camionetas hasta el valle de Pokhara, por escarpados y peligrosos caminos llenos de curvas que cortaban la respiración. Con paisajes increíblemente bellos, atadas en lo alto de vehículos que amenazaban con despeñarse cada vez que se doblaban en un recodo del camino. Incluso viajaron a lomos de extraños animales de pelo largo y cuernos, y colgadas a la espalda de humanos gran parte del trayecto.

Todo esto se lo contaban cuando compartían la zona de equipajes en uno de los fantásticos trenes de Singapur a Malasia, donde el lujo se notaba hasta en el mínimo traqueteo de los vagones. Cruzaron desde Tampin a Malaca, y desde allí a Kuala Lumpur, donde se encuentra una de las más maravillosas estaciones de tren que existen en el mundo.

Grande, y bulliciosa, con su arquitectura de estilo árabe, parecía más bien uno de esos encantadores palacios que se describían en los cuentos de Aladino, con exuberantes plantas que crecían en cada rincón de la enorme estación y estilizados minaretes que destacaban en sus numerosas esquinas.

Siguieron hasta Tailandia, entrando por Hat Yai, para cruzar hasta Bangkok, cuya estación tan cosmopolita moderna, y al mismo tiempo tan asiática, ponía un excesivo contraste con la peculiar de Rangún, en Birmania, cuyos trenes tenían los asientos, tan duros e inconfortables, y había tanta gente, que los pasajeros no tenían otra alternativa que usar todos los modelos posibles de equipaje como sillas, depositando los repletos bolsos y maletas, llenos de souvenires y ropas, en los traqueteantes pasillos para poder sentarse sobre ellos.

Encima de ella misma, se sentaron no sólo sus dueños, sino varios otros viajeros como ellos que encontraron en el camino, ingleses, israelíes, australianos, y algunos más de Francia, ¡hasta un ruso iba en aquel maravilloso viaje hasta la fantástica ciudad de Mandalay!.

El traqueteo del tren parecía acompañar las melodías entonadas por varias guitarras que aparecieron por el vagón. Se escucharon incluso unos tímidos acordes de flamenco, rasgueados por las novatas manos de un inglés que había visitado la alejada cuna donde nació.

Pasaron mucho tiempo en Tailandia, viajando por todo el país, Chiang Mai, Chiang Rai, Surathani. Unas veces se la llevaban a ella, otras a las mochilas, y de vez en cuando aparecían bolsas enormes, tejidas con hilos de muchos colores por las manos de tribus de zonas muy remotas, que eran cambiadas casi constantemente y ponían una nota alegre en la profunda oscuridad de los armarios donde había vivido. Algunas de ellas vinieron a España cuando sus dueños, cercanos a la treintena, decidieron regresar a la "madre patria".

Desde entonces había viajado muy poco, más bien nada. Sin embargo se había movido mucho. Se habían mudado unas cuantas veces, y ya por último, cuando los niños se hicieron más mayores, decidieron qué lugar era el mejor para todos. Resultó ser una enorme casa de dos plantas, con un pequeño jardín y mucha luz. Ella no veía la luz desde que la alojaron en aquel inmenso trastero lleno de cachivaches inútiles, de donde la sacaban cada año por el cambio de estaciones. Podía sentir las suaves manos de su dueña que la acariciaba y miraba con nostalgia, mientras la usaba para guardar ropa -unas veces de invierno y otras de verano- y algunas veces los libros y las fotos de antiguos viajes que salían a la luz desde lo más profundo para ser contemplados unas veces con rabia y tristeza, y siempre con nostalgia y orgullo.

La verdad es que últimamente la habían sacado bastantes veces, pero nunca hasta el día de hoy la habían transportado fuera de la casa, ni le habían limpiado el polvo. Nunca la habían llenado con tanta ropa nueva ni con tantos objetos como llevaba ahora. ¡Tenía hasta un botiquín completo!

Toda la emoción que era capaz de sentir una maleta la envolvía, ¡preparada para un largo recorrido otra vez!

Una vez que fue prestada, estuvo en un viaje a Londres, pero sólo visitó la estación de Victoria, ya que el trayecto se hizo en avión. Fue a comprar ropa para vender, con una pareja de chicas, amigas de sus dueños, que la llenaron hasta reventar, tanto miedo tenían de que explotara con la carga, que la rodearon con unas correas de refuerzo, pero de eso hacía ya muchísimo tiempo.

De repente, el carrito que la transportaba se paró en seco frente al vagón de equipajes, y poco a poco fue sintiendo como el enorme peso que la apretaba contra el fondo iba cediendo hasta desaparecer del todo. Pero esperó en vano las seguras manos del mozo que la izaría a bordo del tren con destino a Madrid, adonde se dirigía uno sólo de sus dueños.

CAPITULO II

Elisa se sentía abrumada, hacía mucho que no había ido de viaje, ni siquiera se había acercado a una estación de tren. Ni a los autobuses desde que tuvo a los niños, que ya se habían convertido en hombre y mujer. Y no digamos nada de los aviones, no había pisado uno en años. Tan sólo había ido hasta el aeropuerto, a despedir a uno de sus hijos cuando iban a su lugar de estudios las primeras veces, especialmente la niña; y a veces, pocas, a su marido en uno de sus cortos viajes de trabajo, cuando apenas se acercaba al lugar de embarque limitándose a tomar algún refresco en la amplia cafetería; todo lo más, levantaba la cabeza cuando divisaba uno de los rápidos aviones sobrevolando el pueblecito de la costa donde llevaba ya veinte años viviendo.

El coche era el culpable que la había alejado de todo. Era mucho más cómodo para los cortos trayectos que había realizado en todo este tiempo, aunque nunca le gustó demasiado lo de conducir, la ponía nerviosa, y cuando los niños eran pequeños, si su marido no la llevaba, casi ni se movía de casa.

Todo había cambiado, la estación era un hervidero de gente por todos lados, africanos, árabes, sudamericanos, algunos de origen más europeo y también españoles, con pinta de ser turistas, y muchos trabajadores, ¡claro!, era lo lógico estando en Málaga.

Los continuos controles de seguridad que se veía en la estación, junto con la gran cantidad de agentes que vigilaban cada esquina que, desgraciadamente, no le parecían excesivos dados los últimos acontecimientos, le daban una cierta seguridad, pero aún así, se quedó cerca de la puerta de entrada a su vagón, esperando ver aparecer su enorme y querida maleta verde, adornada con las innumerables y viejas pegatinas de antiguos viajes.

Ahora le parecía más lejana aún la época en la que sí acostumbraba a viajar. En aquel entonces era más normal ver las estaciones llenas de soldados que iban a jurar bandera o venían de permiso. Novias y familiares pululando por todos los rincones -alargando cajas de galletas y embutidos de todas clases que ayudarían a paliar un tanto la monótona dieta de los cuarteles- y que se enjugaban las lágrimas con minúsculos pañuelitos que retorcían desesperadamente en sus manos mientras musitaban por enésima vez aquellas eternas promesas de amor. Mientras observaba las nuevas escenas que se desarrollaban ante sus inquisitivos ojos, no pudo evitar la larga cadena de viejos recuerdos que pugnaban por salir de su mente.

Su primer viaje largo, en solitario, fue siendo muy jovencita, a la capital. Lo hizo desde otra estación, la de

Cádiz, desde donde el olor a salitre del mar lo salpicaba todo y se escuchaban los graznidos de las gaviotas.

Eran tiempos de descubrimientos, de peleas por los derechos humanos y políticos, la democracia entraba tímidamente en España y ella volaba hacia una nueva era, escapando de la monotonía y de los viejos clichés de su pueblo, de su vieja familia, de todo, con dieciocho años recién cumplidos y mucho coraje para enfrentarse a la vida, empujada por toda la curiosidad e ilusión que le cabían dentro de su joven espíritu aventurero.

Llevaba por equipaje a una enorme maleta verde, dura y rígida, con un cierre de números que impedía que nadie la abriese sin la combinación, que sólo sabía ella. La había comprado en el pueblo, era la más grande y moderna que tenían, pues a ella no le gustaban las clásicas maletas negras de correas, le parecían viejas, por eso eligió esta, con un color más bien turquesa, la hacía sentirse mayor, alegre y viva. Vestía unos vaqueros nuevos con una recatada camisa color manzana, y una chaqueta de hilo amarilla anudada en la cintura.

Era demasiado grande para ponerla en el compartimiento del equipaje, y desde allí no podría vigilarla, así que la depositó en el suelo del vagón cerca de ella, y se sentó en el terso eskay verde oscuro del que estaban forrados los asientos. No había nadie aún en la cabina, era temprano, y prefirió sentarse a esperar la salida del tren.

Desde la ventanilla observaba las carreras apresuradas de los viajeros arrastrando bolsos y petates, amigos y familiares que se agolpaban junto a la puerta del vagón impidiendo la entrada de los que se marchaban, como si quisieran evitar su partida. Entre toda aquella algarabía se escuchó el silbato que anunciaba la salida del expreso con destino a Madrid.

El trasiego se intensificó por unos momentos y su cabina se vio inundada por un grupo de cinco muchachos, vestidos de verde. Eran soldados que iban a cumplir con el deber patrio, eran tiempos de mili. Llegaron haciendo mucho ruido, colocaron sus petates en los huecos que estaban sobre sus cabezas y dejaron una gran cantidad de bolsas de plástico bajo los asientos. Luego sacaron varias botellas de vino y dos de gaseosa, vasitos de plástico que intentaron colocar en la mesita que se levantaba debajo de la ventanilla pero que, dadas las dimensiones de la maleta verde, que estaba situada justo debajo de la misma, no alcanzaba a bajarse del todo. Quedaba peligrosamente inclinada, así que decidieron depositar cada uno su paquete de cigarrillos, con unos enormes mecheros de metal, que funcionaban con gasolina, y que quedaron pegados a la pared por efecto de la pendiente provocada en la mesa, mientras sujetaban las botellas entre las piernas y se servían el vino.

CAPITULO III

Al principio siguió mirando persistentemente por la ventanilla, durante mucho rato después de salir el tren, pero conforme caía la noche no tuvo más remedio que volver la cara hacia sus ruidosos compañeros de viaje, que ya llevaban tiempo bebiendo y que comenzaban a desempacar las numerosas viandas que contenían las bolsas de plástico. Todos la miraron casi a la vez, guardando de repente un silencio absoluto, y uno de ellos adelantó su mano y se presentó.

- Soy Andrés, vengo licenciado y me bajo en Ciudad Real.

Era alto y flaco, de pelo rubito y expresión tímida, con unas gafas estilo Lennon que le daban un aire intelectual a pesar de estar vestido de militar. Era el que estaba sentado más cerca de la puerta. Uno a uno se fueron presentando: Luís, Ramiro, Paco, y el que estaba sentado junto a ella, Javier, que parecía el más lanzado, y también el más atractivo de los cinco, pero no el más alto, fuerte de complexión, pelo negro y aunque corto, se adivinaba rizado, de ojos verdes, gatunos, con una recta nariz que quedaba eclipsada por la magnitud de su sonrisa, de dientes perfectamente alineados y blanquísimos, que se asomaban descaradamente en medio de sus carnosos labios. Todos acababan de terminar el servicio militar, y volvían muy contentos de regreso a sus hogares, donde les esperaban la familia y alguna que otra novia, pues dos de ellos se las habían dejado en Cádiz.

- Yo soy Elisa, vengo de un pueblo de Cádiz, y voy a trabajar y a estudiar en Madrid, después me marcharé de España e iré a visitar y conocer otros países.

Después de decir esto, sin saber porqué, se sintió segura de sí misma, y feliz, aceptó encantada el vaso de vino con gaseosa que le brindaban los contentos muchachos, quienes enseguida le hicieron notar la enorme magnitud de la maleta, que ocupaba todo el rincón, sin darles lugar a poder desempacar toda la comida que tenían guardada en las bolsas. Decidió dejarles que la usaran como mesa. La colocaron en el centro, como base, y encima colocaron algunos cuadros en madera, unos con la cara de cristo quemada a carbón, y otros la colección de nudos marineros, que se llevaban como recuerdo de su paso por el deber cumplido.

La cena le pareció exquisita, ni la mejor tortilla de playa le había sabido como aquella, y la chacina local, que ellos pensaban usar como regalo para algunos familiares, por poco se termina con los traguitos de vino que se bebieron. Cuando el revisor llegó pidiendo billetes, y les comunicó que el vagón cafetería estaría abierto hasta la una de la madrugada para comida y bebida, y que después de esa hora sólo se servirían cafés, todos se miraron y rieron, y el hombre, al ver los restos de la opípara cena, hizo lo propio, aunque les recomendó que no hiciesen mucho ruido cuando apagasen la luz, les esperaba un largo viaje.

La camaradería reinaba en el compartimiento, y se contaron muchas confesiones y sueños entre ellos, Elisa, relajada por los efectos del vino y al saberse lejos del control familiar, se sentía desinhibida, y hacia las doce de la noche, ya les había propuesto a los chicos una alternativa para, si no dormir, por lo menos viajar más relajados. En el centro del estrecho pasillo, si ponían la maleta en la entrada, entre los dos asientos podrían tumbarse dos, y en los asientos, uno a cada lado, con las cabezas en los extremos opuestos, y así podrían aprovechar mejor las pequeñas mantas que les proporcionaba la RENFE.

La verdad es que se pasaron la mayor parte del tiempo levantándose para ir al baño o a la cafetería casi todos, pero conforme avanzaban las horas, las emociones del viaje la embargaron, y se acurrucó en su esquina del asiento, con los pies de Javier apuntando hacia ella, cubiertos con la mantas, y la cabina en penumbra, apenas iluminada por la tenue luz del pasillo.

Sus voces se convirtieron en un susurro, y sin saber como, de repente se encontró con el cuerpo del hombre justo detrás de ella, que la apretaba contra el fondo del asiento, se sintió cómoda y protegida y poco a poco se hundió en un semisueño, del que a duras penas recordaba el aliento de Javier, húmedo y caliente que la besaba dulcemente en los labios.

Sintió su lengua abriéndose camino entre sus dientes, y lentamente se dejó llevar mientras que los expertos y lagos dedos le desabrochaban el pantalón y se introducían por entre sus bragas hasta alcanzar la vulva.

Ahí le agarró la mano y se la depositó sobre su pecho izquierdo, por debajo de la camisa, dándole la espalda al mismo tiempo, no habían pasado ni cinco minutos cuando sintió como el se frotaba desesperadamente contra su culo, a través del pantalón, y de repente un movimiento convulso, un corto suspiro, y después, nada, sólo su pausada respiración.

Se quedó quieta, se colocó la camisa hacia abajo, se abrochó el pantalón como pudo, y ella también se sumió en un profundo sueño. Sintió como el tren se paraba, y en la oscuridad que la amparaba bajo la manta, que le cubría la cabeza, adivinó los movimientos de los muchachos que recogían su equipaje, y oyó la lejana voz que anunciaba desde la estación.

-¡Parada!, ¡Ciudad Real!

Uno a uno fue dejando la cabina, pero, un momento más tarde, antes de salir, más bien adivinó el beso de Javier a través de la manta y las dulces palabras que susurró junto a su oído.

- ¡Adiós y suerte en tus viajes, gaditana!

No se giró para despedirse del él, prefirió no verle la cara, o quizás que él no se la viera a ella, y cuando el tren comenzó a andar de nuevo, volvió a sumergirse en un profundo sopor que no la abandonaría casi hasta llegar a Madrid.

<u>CAPITULO IV</u>

Su vida en la gran ciudad no fue nada mal. Tenía un trabajo buscado desde el pueblo, unos señores que veraneaban allí todos los veranos le habían ayudado y había conseguido un puesto de "empleada del hogar", que se llamaba entonces, interna en una casa, que le permitía estudiar por las noches, claro que, después de seis meses en la capital, había conocido a mucha gente nueva y joven como ella, que compartían pisos entre todos, y trabajaban en cosas tan variadas como, empresas de limpieza, repartiendo publicidad, venta de libros a domicilio, y en bares y discotecas, así que en vista de la libertad de la que parecían disfrutar, decidió cambiar de empleo y de vivienda.

 <u>Su</u> vida se iba consolidando lentamente. Como nunca había mantenido un gran contacto con la familia, apenas les contaba nada de los cambios que iba realizando, simplemente les informaba de que se sentía feliz, por si acaso su madre alguna vez sintiese remordimientos de conciencia por haberla dejado marchar. Y así fue pasando el tiempo.

Desde aquella primera experiencia en el tren, conoció a varios chicos. Perdió la virginidad con el tercero, un estudiante de español que era alemán. Una historia que no duró mucho tiempo pero se lo pasó muy bien con él, viajó en tren hasta Munich y conoció Alemania durante quince días.

84

Luego, a la vuelta, dejaron de verse sin ninguna explicación, hecho que no le produjo ningún trauma pues sus prioridades no habían cambiado lo más mínimo.

Al cabo de dos años había aprendido inglés y secretariado, lo que la introdujo en otros círculos. Fue un poco más tarde, cuando trabajaba en una oficina de administrativa por las mañanas y de camarera los fines de semana, cuando conoció al que sería su marido, Damián.

Vino a tocar la guitarra con un grupo al local donde ella trabajaba, y la primera vez que le vio, pensó que -aparte de ser guapísimo y misterioso- era uno de esos extranjeros que pululaban por el Madrid de entonces, tocando y componiendo música, y sobreviviendo como podían en la Plaza Mayor o en la Puerta del Sol, pero no era así.

Era, sí, muy alto, guapo y misterioso, pero español de Toledo, y estudiaba Derecho. Aparte, en sus ratos libres, para aliviar un tanto la carga económica que suponía para sus padres (que en realidad no era mucha, pues su propio padre ejercía la abogacía desde siempre, y tenía un bufete bastante consolidado) y más por camuflarse entre la dispar y progresista juventud que vivía por vez primera una libertad que no habían tenido sus progenitores, componía música y la tocaba, y no se le daba nada mal. Era un sueño escondido, pero tenía que ejercer de abogado, el sueño de sus padres.

Era un chico muy responsable, aunque también lleno de afán de aventuras e inquietudes nada banales para la época, pero siempre pensando en el futuro, que él sabía que un día llegaría.

Se enamoraron nada más verse, y pronto se fueron a vivir juntos, compartiendo piso con otros dos chicos que también eran músicos, pero de flamenco, y que viajaban mucho al extranjero, sobre todo a Japón. Siempre venían contando maravillas del lejano oriente, excitando la curiosidad de Elisa.

A ella siempre le había fascinado la idea de viajar, contactar con otras culturas y explorar. Poco a poco empezó a prepararse para poder trabajar de becaria con alguna compañía que tuviese presencia en el extranjero, y Damián, claro, se contagió de la urgencia de ella para salir a conocer otros mundos.

Al comienzo se fueron a Londres, donde vivieron casi dos años, trabajando y estudiando, perfeccionando el idioma y conociéndose. Congeniaban muy bien, aunque se peleaban más a menudo por la apatía que envolvía a Damián algunas veces, al que había que empujar otras tantas para hacer cualquier viaje. En uno de ellos volvieron a España y decidieron visitar a sus respectivas familias y organizar su boda, pero no al estilo tradicional, sino por lo civil. Luego se volverían a marchar y se prepararían para dar el gran salto a Asia, donde tenían tantas ganas de llegar. India, Nepal, Tailandia, Malasia, eran países que les llamaban mucho la atención, más a ella que a él, pero los dos compartían el mismo entusiasmo cuando se lo contaron a sus padres.

Primero fueron a Toledo, donde la familia de él no pareció muy entusiasmada con la idea, no obstante apoyaron a su hijo y lo único que le pidieron es que terminase su último año, para que un día, cuando volviesen, pudiese ejercer una carrera honrada que le permitiera vivir holgadamente cuando creasen su propia familia. Ella sintió una suave y cálida acogida por parte de los afables padres y hermanos de Damián, al fin y al cabo, era la mujer elegida por su hijo, y ya llevaba mucho tiempo con ella como para pensar que era sólo un capricho.

En el pequeño pueblo del litoral andaluz les esperaba la otra familia que, al ser de origen más humilde y con ideas más retrógradas, apenas entendieron "cómo de lejos" estaba esa "Asia" que su hija quería ver. Lo de Londres lo entendían mejor, y les costó un disgusto saber que su hija vivía ya junto a su novio sin estar casada. La posibilidad de una boda, aunque fuese civil, les reconfortó bastante. Su madre estaba ya muy mayor, y su padre más, consumido por una vida de trabajo en el mar y excesos con el vino.

De sus hermanos ni hablaba, tenían sus vidas hechas desde hacía tiempo, con familias incluidas. Sus dos hermanas llevaban tiempo casadas, y cada una tenía un par de niños, su hermano vivía en otro pueblo, casado también y con tres niños. Nunca habían tenido la más mínima inquietud por saber si había otra vida fuera de las suyas, y a ella, la más pequeña de todos, y con una gran diferencia de edad, la consideraban una loca perdida; siempre buscando tres pies al gato, y la cabeza llena de pajaritos. La visita fue muy breve. El tiempo justo para buscar los papeles necesarios para casarse y regresar a Madrid, donde tenían pensado celebrar la boda invitando sólo a los amigos más cercanos. Luego en tren rumbo a Lisboa, donde disfrutaron de una corta luna de miel ya que se marcharon a Londres casi inmediatamente.

CAPITULO V

En esta segunda etapa londinense las cosas fueron mejor, Damián encontró un buen trabajo en una agencia de viajes y ella estaba de secretaria en una importante empresa de moda. Al cabo de un año les ofrecieron la posibilidad de trasladarse a vivir a Tailandia trabajando de guías turísticos. Recibirían a los españoles que llegaban a Bangkok.

Recordaba como fueron a comprar el equipaje, las dos mochilas que perdieron años más tarde, llevándolas de vuelta en el taxi hasta el apartamento en el que vivían en pleno centro, y cómo decidieron llevarse su maleta verde, por ser la única en la que les cabría todo lo que querían llevarse: discos, libros, fotos, y todos los recuerdos de su corta vida en común

La vida les sonreía, pues tenían que acompañar a los turistas que viajaban hasta allá, todos de clase media alta, por los numerosos recorridos que hacían por el país, al que pronto conocieron como a la palma de su mano. Chiang Mai, Ko Samui, Krabi, Hat Yai, Surathani, y así sucesivamente. Tres años pasaron allí, y luego pasaron a Malasia, Singapur, Birmania y muchos más. Aprovechando que vivían en la zona, viajaron a Nepal y a la India, a Indonesia, y también a Filipinas y Vietnam.

Era un continuo movimiento que Elisa adoraba, conocer gente nueva todos los días, ser anónima a diario, sin tiempo a nadie para conocerla íntimamente, sin sufrir por eternas pérdidas y, al mismo tiempo, haciendo muchísimos amigos que siempre aparecían por algún país, y con los que compartían nuevas rutas y caminos. ¡Por fin había conseguido su sueño!

A Damián no le disgustaba tantos viajes, pero empezaba a sentirse cansado. No tenía el mismo entusiasmo y ya no quería viajar más. Cada vez añoraba más a su familia y la vida cómoda le tentaba más cada día; tenía el título de abogado y quería utilizarlo. Ya iba llegando a una edad en la que uno no era tan joven, le apetecía tener hijos, y si Elisa no se ponía pronto a la labor no les daría tiempo a tener más de uno.

Eligió la romántica escena que le brindaba el maravilloso jardín del restaurante Bon Ton, en una escondida calle de Kuala Lumpur para exponerle a Elisa sus razones para un cambio, pero esta vez al revés.

Tenía ya treinta y dos años y necesitaba volver a sus raíces, entendía que ella no quisiera vivir ni en su pueblo ni en Toledo, Madrid no le apetecía porque no tenía playa, así que le sugería volver e instalarse en la Costa del Sol, donde tendrían muchas oportunidades de trabajo, e incluso podían comprarse una casa y echar anclas allí.

Sus padres ya no eran jóvenes, y quería estar cerca de sus hermanos y sobrinos, a los que apenas conocía. Además, ella misma ya había perdido a uno de sus progenitores, su padre había muerto de una forma tan anodina como lo fue su vida, sólo le quedaba su madre, a la que se alternaban en cuidar todos los hermanos y también podría colaborar con ellos. Luego estaba lo de los niños, él seguía muy enamorado y quería tener hijos con ella, aún estaban a tiempo.

Elisa le miraba y al mismo tiempo pensaba, la verdad es que ella también continuaba enamorada de él, y la idea de quedarse sola no la seducía nada, después de todo, juntos habían emprendido esta aventura y juntos deberían regresar.

Quizá tenía razón y era hora de echar raíces en algún sitio, pero también podía haber decidido quedarse aquí. No se estaba tan mal, al contrario, la vida era muy cómoda en esta capital asiática, tenían una bonita casa alquilada, en la que podían vivir todo el tiempo que quisieran, y el clima era mucho más agradable para ella que el de España. Tenía muchos amigos de todas las razas, con los que compartían desde el amor por la música hasta la pasión por viajar que siempre la embargaba. Sin embargo, sin saber como, se encontró asintiendo. Volverían al punto de partida, y la idea de ir a Málaga no le desagradó.

Estaba lo bastante cerca de Cádiz para visitar a su madre y lo bastante alejado como para que ningún miembro de su familia intentara inmiscuirse en su vida. También era hora de probarse algo a sí misma en su propio país, tendría que adaptarse igual que se había adaptado a tantas costumbres extrañas; sería un reto al que seguro que lograba sobrevivir. El secreto era no acercarse demasiado a la gente ni dejar que ellos se acercaran a ti, y así se mantendría el equilibrio. De todas formas, siempre contaba con Damián para ayudarla, era mucho más paciente que ella.

CAPITULO VI

Una vez tomada la decisión, los meses pasaron rápidos y llegando el verano se marcharon con primer destino el pueblo de él, a visitar a los padres que celebraron con mucha alegría el regreso del hijo pródigo, ¡por fin verían realizado su sueño de que su hijo ejerciese de abogado! Organizaron una gran comilona en la que Elisa fue presentada formalmente al resto de la gran familia, que no pararon de preguntarle cuando pensaban tener hijos, haciéndola sentirse por primera vez atrapada en un mundo que no era el suyo.

Después huyeron hasta Cádiz, que les recibió con buen tiempo, calles llenas de gentes y playas abarrotadas. No se quedaron mucho tiempo, el justo y necesario para recibir unas cuantas cajas que habían enviado desde Kuala Lumpur, con sus enseres y pertenencias, que no eran demasiados, ya que habían vendido todos los muebles.

Elisa empezaba a sentirse ahogada entre toda la familia que aún le quedaba en el pueblo, donde casi cada uno de ellos tenía algún tema de papeleo legal que esperaban les solucionase a su llegada. Antes de que finalizase el verano se mudaron a la zona de Marbella, donde las perspectivas de trabajo eran más halagüeñas.

No fue difícil. Con sus idiomas y su mundología ella consiguió trabajo en una inmobiliaria y él en un reconocido bufete de abogados, con unos horarios compatibles que, en un principio, les dejaba el fin de semana libre para estar juntos y planear pequeñas excursiones que cada vez se hicieron más cortas y escasas conforme pasaba el tiempo y las obligaciones de cada uno se hacían mayores. De hecho, desde que en su último viaje a Marruecos perdieron sus mochilas con todo lo que llevaban dentro, no habían ido a ningún otro lugar.

Luego llegó el embarazo, que no fue fácil, traía mellizos, y sus treinta años lo notaban. Tuvo que guardar cama unos meses que se le hicieron eternos, pero por fin nacieron y la alegría llegó de nuevo a sus vidas, se plantearon que ya que él ganaba cada vez mejor y a ella le quedaba un buen paro, lo mejor sería que se dedicase a cuidarlos.

Un niño y una niña, preciosos, que se parecían a ellos mismos. Inquieta y agitada la niña, y tranquilo y paciente el niño, ya se vería de mayores como eran en realidad…

Cuando tenían un año y las cosas parecían irle mejor decidieron meterse en una hipoteca y comprar una pequeña casa adosada, en una urbanización de lujo, pues el piso se les había quedado estrecho. No era fácil trabajando sólo él, pero cuando los pequeños empezaron a ir a la guardería un año más tarde y sólo hasta el mediodía, ella decidió trabajar desde casa haciendo traducciones y así poder ayudar por lo menos con el gasto de pañales, comida y ropa para los bebés, pues realmente no daba para mucho más.

No fueron pocas las veces que les cortaron la línea de teléfono en aquella época, pero seguían queriéndose, aunque ya no se lo dijeran tan a menudo como antaño.

Los años fueron pasando. La madre de Elisa ya había muerto, tan tranquila y anónimamente como había vivido, sabiendo que lo más excitante que le había pasado en la vida era haber sido madre a los cuarenta y seis años.

Cuando llegó la edad del colegio de los niños, Elisa decidió volver a trabajar en la calle por las mañanas, en un puesto de secretaria para una correduría de seguros, llevando el departamento de atención al cliente, así no se aburría demasiado.

Mientras, Damián continuaba ascendiendo en su profesión y ya llevaba el bufete junto con otros dos abogados.

Sin embargo apenas tenía tiempo de estar con ella ni con los niños, llegaba siempre cansado y muy tarde, cuando no estaba en algún viaje a la capital, y por supuesto, estaba lo de las vacaciones. Como nunca coincidían, se limitaban a unas pocas escapadas a visitar a las respectivas familias; en navidades tocaba la de él, y en verano, las playas de fina arena del pueblo con los niños, además de algún que otro fin de semana en el que él no tuviese mucho trabajo, pues ella no soportaba visitar el pueblo sola.

Cada vez permanecía más tiempo en casa con los pequeños, recogiéndolos de los colegios y llevándolos o trayéndolos de incontables fiestas de cumpleaños, en las que tenía que pretender que le interesaba tal o cual serie o cualquier estúpido programa de televisión cuando hablaba con las demás madres, que cumplían con la misma obligación, cuidar y mantener a los niños y a sus padres contentos y felices, dejando para sí mismas la felicidad efímera de las compras por teléfono o Internet, que terminaban cuando recibías los paquetes y nada era igual que en el catálogo. O en las pequeñas conquistas con las eternas dietas que seguían casi todas, una o varias veces al año, y alguna que incluso conseguía estar a dieta el año completo.

Ella acudía al gimnasio, lo que la ayudaba a mantener el estupendo tipo que siempre había tenido, y que ni siquiera el voluminoso parto había estropeado; la ayudaba a liberarse un tanto de la rutina y el estrés diario con los niños y la casa. Llevaba el pelo cortado formando una pequeña melena rubia con mechas, que enmarcaba un óvalo perfecto, con grandes ojos color de miel y una boca de sensuales labios que ahora sonreían tímidamente, apenas dejando entrever la perfección de sus dientes. Le gustaba sentirse bien para Damián quién, en medio de su ajetreada vida, todavía buscaba cualquier hueco para estar con ella y piropearla, aunque cada día era más difícil encontrarlo.

A veces pensaba que su vida había comenzado dos veces, una cuando era libre y vivía con Damián en Asia y viajando por el mundo, y otra cuando decidió seguirlo y volver a España.

CAPITULO VII

Era como si hubiese empezado a hacerse adulta a su regreso, el tropel de responsabilidades que le habían caído encima no se parecían en nada a su vida anterior, donde sólo tenía que preocuparse de rutas e itinerarios y de hacer que las estancias de los turistas fuesen lo más agradables y cómodas posible.

Pero para ella la vida consistía en un cúmulo de sucesos y circunstancias, y para poder tener acceso a todo ese mundo donde sucedían las cosas, había que moverse. Nada mejor que viajar, cambiar de escenario si era posible, casi a diario, por eso el tema de las drogas nunca le había interesado lo más mínimo.

Su única y auténtica adicción eran los viajes, y la había logrado acallar todos esos años durante los cuales ni tan siquiera había hablado de ellos. Bastante difícil se le hacía la convivencia con sus vecinos, como para poner más barreras entre ellos, ni tan siquiera con Damián lo comentaba, limitándose a asentir y a vivir una existencia tan anodina como podía, llevando dentro de sí misma a su otro "yo", al que ya había conocido y al que había arrinconado en el mismo trastero donde guardaba los objetos innecesarios para mucho tiempo.

Así pasó aún más tiempo. Sus hijos, los mellizos Oscar y Lucia, continuaban creciendo y haciéndose primero adolescentes, con todos los problemas que conllevaba esa etapa, y que hacía que Elisa se esforzara lo indecible para poder comprenderles.

No se sentía del tipo madre-madre, y se le hacía muy cuesta arriba el poder comunicarse con ellos, aunque nunca había escatimado su tiempo a la hora de darles y expresarles tanto cariño como era capaz.

Sabía que su hijo había fumado en más de una ocasión, y todavía no había cumplido los diecisiete años. No estaba segura de que hubiese probado algo más, pero en realidad era un chico muy sensato, buen estudiante, que admiraba mucho a su padre y quería seguir sus pasos.

Era muy guapo y las chicas le llamaban mucho a la casa, quedaba con todas, pero casi siempre para estudiar, para salir prefería a los amigos, con los que iba a jugar a la bolera o al padel.

La niña era diferente, tan independiente como ella misma a su edad. Tenía una belleza fresca, con una risa que siempre se escuchaba a todas horas. Era la chica más popular del instituto y rivalizaba con su hermano en cuanto a las llamadas por teléfono que se recibían en la casa para uno u otro. Era muy enamoradiza, y siempre andaba enredada con algún inocente amorío. Quería ser maestra y trabajar quizás de voluntaria en alguna organización en el extranjero.

Fue la primera que reavivó sus viejos recuerdos, y la que un día la sorprendió pidiéndole la dejase ver las fotos y diapositivas que sabía que ella tenía guardada en el fondo de la enorme maleta verde que reposaba en algún escondido rincón del enorme trastero del jardín.

En realidad tenía mucha complicidad con sus hijos, según iban haciéndose mayores habían aprendido que ella confiaba mucho en ellos, y siempre terminaban contándole todos sus secretos, aunque no fuese exactamente en el momento en el que estaban ocurriendo los hechos, lo cierto era que, al final, siempre venían a consultar con ella sus grandes decisiones.

Procuraba que la diferencia de edad no la alejase de ellos, como había sucedido con ella misma cuando era joven, pero su propia madre era muchísimo más mayor que ella cuando la tuvo y esa laguna de la edad la separó más de sus hermanos, jugando y hablando más con sus propios sobrinos que con ellos mismos.

Elisa siempre pensaba en la causa y el efecto, y se explicaba a sí misma su comportamiento y su vida aplicando siempre su dicho. Sin la causa de la vejez de sus padres el efecto no hubiese sido su marcha del pueblo, sin la causa de su amor por Damián el efecto de sus hijos y su aparente docilidad en su comportamiento con la sociedad en la que vivía no hubiese tenido lugar. Y fue a causa de la curiosidad de su propia hija, cuando le pidió el ver aquellas viejas fotos, que el efecto provocó el despertar de viejas inquietudes que pensó tenía dormidas para siempre.

Pasaron aún unos cuantos años más, concretamente casi tres, con Elisa recordando sus viejas hazañas mientras le enseñaba fotos y recuerdos de viajes pasados a su hija. Unas veces durante las vacaciones que siempre pasaba con ellos en la casa, pues ya estaba en la universidad, y otras enviadas a través del correo electrónico, lo que la ayudaba sobremanera a evadirse de la tediosa rutina en la que se había convertido su vida.

Se distanciaba cada día más de Damián, involucrado en sus negocios de trabajo hasta la extenuación, pues rara era la vez que llegaba a la casa antes de las doce.

Siempre estaba cansado, incluso había perdido el cabello y se le veían muy grandes las entradas sobre la frente, su barriga se curvaba peligrosamente hacia fuera, haciendo que su vida sexual, ya de por sí mermada por el trabajo, fuese casi inexistente.

La posibilidad de que tuviese una amante no le había pasado por la cabeza, no era de ese tipo de hombres, se sentía muy orgulloso de su mujer y de la familia que le había dado y verdaderamente sentía devoción por ella. Lo único que le achacaba era que no la hubiese alentado a hacer algún viaje, aunque fuera sola.

Quizá, después de todo, él no había confiado plenamente en su fidelidad, siempre había sido la más fogosa de los dos, y nunca se había avergonzado de ser casi siempre la primera en acercarse a él.

Últimamente, debido quizás a la falta de atractivo físico que ya no encontraba en su marido, o sus propios miedos de la menopausia, de la que apenas se daba cuenta si había empezado, o tal vez por la tediosa convivencia en la que se había convertido su matrimonio, lo cierto es que hacía ya mucho tiempo que no disfrutaba de una verdadera noche de pasión.

CAPITULO VIII

Así fue como empezaron sus largas noches de *chats* en la red, especialmente cuando él estaba de viaje. Cuando las madrugadas se tornaban días y daba rienda suelta a sus más íntimos deseos de hablar y ser oída, de saber como seguía la vida por aquellos lejanos parajes donde había vivido. Especialmente aquellos en los que la naturaleza había golpeado con más fuerza, con aquella serie de catástrofes que últimamente parecían azotar aquella parte del planeta: huracanes, terremotos y maremotos, miles de rostros desconocidos que se asomaban desde la fría pantalla del ordenador, buscando desesperadamente una mano amiga que le ayudase.

La idea de su hija de irse de voluntaria había hecho mella en ella misma, y poco a poco fue haciendo contactos con palabras y voces sin rostro al principio, y más tarde con ayuda de la cámara del ordenador, facciones y gestos que se hicieron cada vez más familiares, así conoció a Carter.

Era un voluntario americano, de Minessota, que estaba con el llamado "Cuerpo de Paz", los Peace Corps, destinado en Malasia. En un proyecto de piscifactoría, cultivando unos peces que se llamaban "telapia". Visitaba un número indeterminado de aldeas en lugares remotos, llamados "kampongs", y parecía estar encantado de la vida y disfrutar enormemente con todo lo que hacía. Decía tener cuarenta y cinco años, pero aparentaba cuarenta, era alto y algo desgarbado, aunque parecía musculoso. Llevaba el pelo un poco largo, de un rubio pajizo, y los ojos eran de un profundo tono verde oliva.

La verdad es que a través de la cámara se le veía muy bien, a pesar de que la calidad de la imagen no era muy buena a veces, ella le encontraba parecido con Indiana Jones, o lo que era lo mismo, con el actor que le interpretaba.

Al comienzo conversaban mucho, siempre en inglés. Aquello la ayudaba a sentir mejor su viejo "yo" enriquecido por el paso de los años. Le expresaba su interés en el trabajo que realizaba, que le parecía sumamente interesante y útil para los malayos. Le comentó que ella conocía la zona hacía mucho tiempo, pero no especificó cuánto, y no le dijo su verdadera edad, le calculó algunos menos de los que él mismo tenía y no le corrigió, al fin y al cabo, sus cincuenta estaban muy bien llevados, pero con el paso de los meses, y cuando ya llevaban más de medio año, él le propuso algo nuevo, se despedirían besando a la cámara; por lo menos sería un acto menos frío que el de agitar sus manos antes de desconectarse.

Poco a poco sus conversaciones derivaron hacia tonos más íntimos, ella evitaba hablar de su vida presente y ni siquiera mencionaba a sus hijos o a su marido, que, ignorante de todo, no se preguntaba por qué pasaba tanto tiempo en el despacho, enganchada a la red. Llegaba a bromear con la posibilidad de que ella estuviese flirteando con alguien, pero le parecía impensable que una mujer como ella fuese capaz de algo así, y a ella misma le parecía increíble que su vida hubiese dado un giro tan inesperado.

Empezó comprando unas cuantas prendas de corte descarado, y pronto se encontró adquiriendo desde minúsculos picardías, hasta sujetadores y bragas de cuero, algo que nunca hizo con Damián.

Al principio caldeaban el ambiente con palabras románticas que Elisa tuvo que practicar. Nunca había tenido relaciones que no hubiesen sido en español y quizá fue el no utilizar su propio idioma lo que la lanzaba más. Las posturas inverosímiles frente a la cámara se hicieron corrientes, mientras miraba fijamente a Carter, que terminaba masturbándose mientras susurraba su nombre.

Hacía tanto que no fantaseaba con nadie, que el hecho de imaginar aquellas manos fuertes acariciándola, aquella boca que adivinaba juguetona, y sólo de oír sus suaves jadeos que parecían traspasarla a través de la pantalla, hacían que alcanzara el orgasmo casi simultáneamente con el hombre.

Así fue pasando el tiempo, un año más, con sus doce meses, durante los cuales aprendió otra forma nueva de comunicarse, pero aún le faltaba dar el gran paso. Carter insistía cada vez más, apenas le quedaban seis meses en aquel país y luego quería regresar a los Estados Unidos. Volvería a pedir otro proyecto en otro lugar, pero esta vez quería que ella le acompañase. No tenía a nadie esperándole y no quería desaprovechar la oportunidad que le había brindado Internet de haberla conocido; quería sacarla de aquella pantalla y estar junto a ella para siempre.

Elisa empezó a planear su viaje, lo más difícil era hablar con Damián, con sus hijos sería más fácil, ya eran adultos y tenían su propia vida. Hacía tiempo que estaban fuera de casa, y las vacaciones también las podrían pasar con ella, donde quiera que estuviese en el futuro, seguro que su hija entendería su necesidad de marcharse, de empezar a vivir otra vez, no era por las relaciones que ya no tenía con su padre, ni por las que pudiese volver a tener, sino de volver a sus verdaderas raíces, las que quizás no debió dejar. No se arrepentía de nada. Tuvo que haber vivido todo el resto para saber que ella no pertenecía realmente a este mundo en el que había vivido los últimos veinte años, y que su cometido para con la sociedad ya había sido cumplido.

Su hijo sería un gran apoyo para su padre, y sabía que era lo bastante maduro para entender que su madre se hubiese encontrado por fin a si misma, pero no sabía como iba a decírselo a Damián, tan absorto en su mundo de pleitos. Dudaba que pudiese entender siquiera las palabras con las que pensaba comunicárselo, ni tampoco en qué momento. Ya apenas se veían, ni asistían juntos a ninguna de la interminables cenas que frecuentaban antes, cuando los niños fueron mayores. Se concentró en preparar su equipaje.

CAPITULO IX

Decidió que su antigua maleta verde fuera la que la acompañase de nuevo en el desconocido periplo que afrontaría, y cuando la sacó del trastero y la llevó a la casa, esta pareció transmitirle una nueva fuerza.

Depositó la enorme maleta abierta sobre la cama de la habitación de su hija, y le pareció muy profunda. Recordó cuando, jugando con Damián, se encogía hasta conseguir meterse dentro. Pero nunca dejó que la encerrara, le daba miedo desaparecer para siempre. Ahora era diferente, no necesitaba plegarse para introducirse, sencillamente se sentía parte de ella.

Hizo una lista de todo lo imprescindible: medicinas, vitaminas, cremas, para los mosquitos y para ella, pastillas para depurar el agua, libros, diccionarios, ropa de verano y de invierno, cuadernos, lápices, algunas fotos de sus viajes anteriores, de sus hijos, y también una de Damián; las sandalias de goma, las gafas y un tubo para buceo; toallas, sábanas de algodón cosidas como sacos, para dormir en la jungla, algo de maquillaje, gomas para el pelo, gorros, zapatos de goma para los arrecifes, de salón, y alguna ropa más elegante para ocasiones especiales, como le había recomendado Carter. Ropa interior de algodón, y varios regalos que llevaba para la otra gente que había "conocido" y que estaba por la zona.

Cuando reunió todas estas cosas y las puso sobre la cama, le parecía imposible que ella pudiera llevar todo aquello, o que cupiese incluso dentro de la maleta, pero aquella parecía tragárselo todo. Hasta consiguió meter dentro una pequeña tienda de campaña, de esas tipo iglú para dos personas, que había comprado hacía dos veranos para su hija. Ella nunca la utilizó, así que se la llevaba, seguro que la usaba alguna vez.

No tuvo dificultad para cerrarla y, una vez llena, en el suelo, se la veía muy estable sobre sus sólidas ruedas. Si la agarraba por el asa central no se tumbaría mientras la llevase rodando por el andén de la estación. Verla así le dio seguridad y decidió que aquella misma noche hablaría con su marido. Al día siguiente iría a comprar los billetes, de tren para Madrid y el billete de avión. Gestionaría sus visados, lo que le llevaría aún unos días, y así tendría tiempo de esperar a que los chicos llegasen ese fin de semana para unas cortas vacaciones. No podía irse sin mirarlos a la cara y despedirse de ellos, iba a ser duro, pero no dudaba que muy pronto uno de los dos se reuniría con ella donde quiera que estuviese, y ese pensamiento la reconfortó y le dio fuerzas.

Antes de que llegase la noche tuvo tiempo de recapacitar una y mil veces la mejor manera de decírselo, y decidió que no mencionaría a Carter, no quería causarle más daño innecesario, simplemente era ella. Quería viajar otra vez antes de hacerse vieja, sentirse libre y viva por ella misma, no por los condicionamientos de la sociedad que la estaba ahogando; los niños eran mayores ya, y cuando decidieran hacerles abuelos, ella tendría que estar ahí, o por lo menos eso esperaba.

Todo volvería a empezar, y antes de que eso sucediera, quería alejarse de todo, volar sola una temporada, dejar que la vida siguiese su curso sin ella alrededor observándolo y analizándolo todo, escaparse de su rutinaria vida sin aliciente y sin color, dejarse llevar por los acontecimientos desconocidos que sabía la esperaban fuera de España una vez más.

La respuesta de Damián a todo su discurso fue una expresión de sobresalto que surgió en sus ojos, y más tarde cubrió todo su rostro, que ocultó con ambas manos.

-¡Perdóname Elisa! - sollozó – nunca debí aceptar aquellos viajes a Toledo al despacho de mi padre. Te juro que he acabado con ella, hace más de seis meses que no la he visto, no me ha molestado para nada, ya tiene a otro, ha sido un año de locura, no quería hacerlo, pero me sentía subyugado, ¡por favor, no te vayas!

Elisa se quedó de piedra, estaba de pie y tuvo que buscar asiento en el sofá más cercano. Al principio lo miró sin comprender, pero poco a poco sus palabras cobraron sentido, ¡Damián le había sido infiel!, todos sus miedos y su preocupación por darle la noticia, y al final resultaba que ella era la buena de la película, o mejor dicho... la tonta de todo el drama que ella sola había montado.

Por un momento la idea la divirtió, pero recordó que era ella la que se marchaba y que, sin quererlo, él mismo le había proporcionado la mejor de las razones. No iba a hacer ninguna escena melodramática, a esas edades una piensa con la cabeza y ahorra fútiles esfuerzos para entender ciertas cosas de la naturaleza humana.

De repente se había convertido en una cornuda, pero de las idiotas, nunca había sospechado lo más mínimo, así de aburrida había sido su vida durante estos últimos años con él.

Por supuesto le pidió que no contara detalles, no quería saber nada más que lo que había oído. Pretendía así que él pensara que estaba al corriente, no quería parecer más estúpida de lo que se sentía. Llanamente le comunicó que se iba, que no sabía cuando volvería, y que quizá algún día lo hiciese. Aquella era su casa también, y mejor que los niños siguiesen sin saber nada, él sólo tenía que limitarse a apoyarla en todo, los días que ellos estuviesen en la casa, y luego ella seguiría con su plan.

CAPITULO X

Así fue, los días pasaron volando. Con los chicos había sido genial, Lucia había abierto la maleta al menos cuatro veces, para mirar todo lo que llevaba su madre, o para meter algún compacto con lo último en música que pretendía que ella escuchase en un discman de un precioso color plata. El chico había sido más reservado, pero le llevó unos cuantos libros de los autores más actuales que sabía le gustaban a su madre: Maruja Torres, Arturo Pérez Reverte, y sus clásicos de siempre, Gala, García Márquez, Cela…

Cuando se marcharon le dieron un fuerte abrazo los dos a la vez, y no dejaron de avisarla de que se cuidase mucho, sobre todo de los mosquitos, que ellos imaginaban enormes como helicópteros y no iban muy descaminados. Le recomendaron que no dejase de utilizar el portátil que le habían regalado entre los dos para el viaje. El amor que sus hijos le habían demostrado la llenó de alegría y le dio nuevos bríos para acelerar sus preparativos para el viaje.

Apenas vio a Damián el resto del tiempo, era como si no viviesen en la misma casa pero le adivinaba rondando por ella mientras ella misma *chateaba* las últimas veces con Carter, finalizando los detalles de su llegada. El recorrido, Málaga, Madrid, Londres, Kuala Lumpur, era un largo camino que debía hacer sola, pero la meta era él, que la esperaba ilusionado, y ahora, sabiendo ya que no hería a nadie, le palpitaba el corazón como cuando era joven. La adrenalina del inminente viaje ponía chispas de alegría en sus sonrientes ojos.

El día de la partida había amanecido nublado, pero caluroso, y Damián se había ofrecido a llevarla a la estación para ayudarla con el equipaje. Ella había declinado la oferta lo más cortésmente que pudo.

Prefirió llamar a un taxi. Le tocó un chico muy amable que la ayudó a llevar la maleta hasta la entrada y que le señaló que la transportarían hasta el vagón en un carrito mecánico. El mozo que recogió la maleta parecía un tanto despistado, pero ella vio como la depositaba en el fondo de uno de los carritos y como quedaba cubierta por un montón de bolsos y maletas. Se quedó tranquila y caminó hasta su vagón, regresando tranquilamente de la hilera de recuerdos que la había ensimismado por unos minutos y más atenta que nunca a la realidad que vivía en esos momentos.

Todo el mundo se iba colocando en sus lugares y subiendo a los vagones, vio al carrito pasando cerca de la entrada y dejando bolsos y maletas dentro, pero no vio salir a la suya, y luego continuó su camino.

Comenzó a ponerse nerviosa. Cada vez quedaba menos gente fuera y los sistemas de megafonía ya vociferaban la próxima salida del tren. Siguió con la mirada la trayectoria del vehículo que llevaba el equipaje y cuando paró en el siguiente vagón echó a correr. Tenía que llegar hasta allí y volver a su vagón lo más rápido posible, no podía perder ese tren.

El mozo la vio llegar corriendo desaforadamente, sin aliento, y apenas lograba entender lo que intentaba decirle.

- ¡Mi maleta, grande y verde!, No la ha bajado usted con el resto del equipaje en mi vagón, estoy dos coches más atrás. ¡O está aquí o la ha dejado en otro lugar!

El hombre la miró tranquilamente y la invitó a mirar el resto de los carritos que ya estaban vacíos. Si no estaba allí estaría en alguno de los coches en los que había dejado equipaje, que eran casi todos.

La llegada de otro mozo con un carrito semivacío, pues su enorme maleta seguía reposando en el fondo, la sacó de su confusión. Apenas lograba entender lo que intentaba decirle aquél hombre.

- ¡Esta maleta, grande y verde!, se ha quedado atrancada en el fondo, ¡avise al inspector del tren para que nos ayude alguien a sacarla de aquí, sino no podrá llevársela!

Elisa lo oyó, pero sus ojos buscaban con ansiedad en el coche que tenía más cerca, no podía viajar sin su maleta, era su amuleto y contenía retazos inacabados de la nueva vida que iba a emprender.

De repente, en la puerta apareció un uniforme azul y una larga sombra con el sol de la mañana a sus espaldas, sólo acertó a ver su nombre en la chapa de su bolsillo, "Javier Salas, inspector".

-¡No se preocupe señora, enseguida la ayudaremos a rescatar su maleta!

Fue oír su voz lo que la convenció, ¡era él!, aquél Javier de su primer viaje a Madrid, le miró de frente y sonriendo pronunció su nombre. El hombre, que estaba inclinado sobre el carrito, tirando de la maleta con todas sus fuerzas ayudado por el mozo, levantó la cabeza y, sonriendo a su vez, le contestó.

-¡Sabía que había visto antes esta maleta!, y que alguna vez volvería a ver a su dueña, ¿todavía de viaje?

La maleta continuaba en el fondo del carrito, pero de pronto una persona vestida de azul la había agarrado por su ancha asa rescatándola de aquella incómoda jaula. Algunas de sus viejas pegatinas se habían desgarrado, y algunas etiquetas se habían quedado enganchadas entre los barrotes, pero esta vez se sintió en verdad más libre, sus ruedas rozaron por fin el interior de aquél añorado vagón, al encuentro de aquella mujer que le había dado la libertad, hacia la cual volaba ella misma.

Junio 2005

EL ENTIERRO

(Huyendo de la realidad)

Empezó a darse cuenta mientras cruzaba el gran descampado que hacía las veces de aparcamiento para recoger su coche. La fuerte luz del sol del mediodía en pleno diciembre la envolvió de repente, devolviéndola a la realidad de su vida. Una suave brisa, crispada y fría, recordaba que ya era invierno, aunque los cegadores rayos del potente astro que brillaba en su cenit calentaban demasiado el cuerpo sobrecargado de ropa. Apenas se había cambiado en los tres últimos días. Los mismos que llevaba dentro del enorme hospital que iba dejando a sus espaldas.

No había llorado aún. Llevaba conteniendo las lágrimas durante horas salvo aquel momento de debilidad en la habitación, cuando llegaron sus hermanos y se abrazó al mayor de ellos que la sostuvo sin saber que hacer; dándole unas palmaditas en la espalda que la hicieron volver al presente y que sus lágrimas prácticamente se congelasen en sus ojos.

Por eso, cuando alcanzó su coche y se metió dentro, los gruesos lagrimones que brotaban de ellos formaron un caudal incontenible que corrió por sus mejillas y gotearon desde la barbilla hasta el pecho, mientras sus quejidos la sacudían de arriba abajo.

Afuera el sol seguía brillando aún con más fuerza, haciéndola recordar que era un precioso día, de los que le gustaban a ella... y a su madre, que reposaba en la oscura y fría sala del tanatorio del hospital mientras esperaba el coche de la compañía de seguros que la trasladaría a otro tanatorio más grande, donde se celebraría el velatorio.

Ella iría por la tarde, cuando hubiese descansado. Ya acusaba los tres días sin dormir y no podría aguantar la larga noche que se avecinaba. Su hermano Joaquín, el más grande de la familia literalmente, ya que la mayor era ella misma, le sugirió que fuese a descansar, sugerencia que no fue bien vista por su única hermana, Palmira, que había llegado la noche anterior sobre las diez, acompañada de su marido. Tampoco había dormido y se quejó de su cansancio y de su tensión, de las lágrimas que había derramado durante toda la noche. Era lo que hacía siempre, quejarse. Decidió seguir las indicaciones de sus hermanos, pues el más "pequeño", José Carlos, eterno hippie, también opinó que era lo mejor dada la tensión que había supuesto para ella haber vivido la larga agonía de su madre, a la que estaba muy unida. Aún así, su cuerpo parecía no querer alejarse de allí, y tuvo que hacer un verdadero esfuerzo para poner el coche en marcha y dirigirse a la casa familiar, a la que su madre jamás volvería.

Las salinas gaditanas la saludaban desde ambos lados de la carretera congestionada de tráfico. Una gran algarabía de colores formada por miles de bombillas que colgaban alegremente de lado a lado de las amplias avenidas que desembocaban en las calles de los pueblos que recorría; parecían burlarse de ella, con su incesante guiño multicolor, recordándole la navidad cercana.

La gente corría de un lado a otro, alegre por el espíritu navideño, ajena y alejada de todo aquello que no significase compras, y nada más que compras.

Conducía despacio y cientos de pensamientos cruzaban rápidamente por su cabeza, pero el que prevalecía era el apretón de mano que le había dado su madre antes de expirar. Miró entonces el reloj que colgaba de la pared de la desangelada habitación del hospital, donde yacían otras dos personas también rodeadas de familiares, esperando. Marcaba la una menos cinco de la tarde, pero nadie había querido abrir las persianas de la gran ventana. Cuando ella lo intentó, sobre las doce, no la dejaron, volviéndola a cerrar de inmediato, ¡como si a la muerte le importase el sol!

Su madre había insistido mucho en la luz del día y, cada vez más entrecortadamente, le preguntaba si ya había amanecido, si habían llegado sus hermanos, a los que quería ver. Pero por mucho que corrieron, cuando llegaron su espíritu acababa de irse. Su cuerpo continuaba allí, aún caliente, inspeccionado por una doctora que certificaba la muerte y ordenaba el traslado del cuerpo...

Por fin, el pueblo... El Levante empezaba a soplar débilmente y las filigranas de luces apagadas que colgaban de las calles parecieron respetar su duelo por un momento. Cuando enfiló la calle donde había vivido, en el piso de protección oficial donde pasó lo peor y lo mejor de su adolescencia, miró en un acto reflejo la ventana de la cocina. No la esperaba nadie. Las persianas bajadas evidenciaban que su dueña no había vuelto, y ella sabía que ya nunca volvería. Aparcó justo delante del portal y los vecinos que reconocieron el coche se acercaron a preguntar por su madre, aún sabiendo que había muerto.

Las noticias vuelan en los pueblos pequeños y la morbosidad de ver el dolor ajeno, aún intentando compartirlo, desgraciadamente para Leonora, que odiaba todo tipo de demostración del duelo, la enfrentaron a los primeros besos de pésame de gente a la que apenas conocía, a pie de calle.

Al abrir la puerta de la casa, el silencio y la oscuridad la asaltaron de improviso. Antes de encender la luz del comedor, corrió hacia la ventana y levantó las persianas hasta arriba, dejando que la claridad del sol inundara toda la estancia. La placita de abajo, con sus árboles teñidos de amarillo, los pajaritos que se calentaban posados en sus ramas, y los bancos sin viejos ni niños, aparecía desierta.

Al volverse hacia la puerta de la cocina, vio el árbol de navidad. No era el mismo pequeño y enano de todos los años. Esta vez, como ella iba a pasar las navidades con su madre, decidió comprar uno bien grande, y juntas lo habían decorado, para sorprender a los nietos cuando llegasen de visita.

Había sido Leonora quien lo había hecho todo, pues su madre apenas quiso moverse del sofá junto a la ventana. Se acercó al árbol de navidad musical y lo encendió, dejando que una melodía pegadiza y dulzona flotara por unos instantes, luego quitó el volumen y dejó sólo las luces, que parpadeaban al ritmo de una música de silencios.

Entró en la cocina, encendió la luz para no delatar su presencia abriendo las persianas que daban a la entrada principal del edificio, y ésta le pareció enorme, pero recordaba que cuando las dos estaban cocinando casi no se podían mover.

-¡Yo no estoy gorda! – decía su madre - sólo que soy ancha y grande, la barriga es lo único gordo, pero mis piernas y brazos no, ¡y tengo cintura!

Mientras decía esto, con sus preciosas manos, afectadas por el vitíligo, se levantaba sus dos enormes pechos, que a pesar de sus más de setenta años, seguían siendo en cierta forma rotundos y duros.

Los pensamientos son como los ríos, si los dejas fluir al final siempre llegas al que verdaderamente importa, al mar de la nostalgia. No quería recordar los últimos años de su madre, cuando cada vez más gruesa y torpe con las piernas, su carácter se había agriado.

Ya no era la ágil mujer que cada verano encalaba ella misma las paredes de su casa, ni la que subiéndose en una silla pequeña limpiaba la campana de la cocina, que nunca fue extractora, limitándose a un trozo de madera en forma de cono alargado que colgaba del la pared, justo encima del fogón de gas, y que acumulaba las grasas formando una pegajosa y amarilla costra que ella limpiaba a menudo, y que luego pasó a ser tarea suya propia, cada vez que venía de visita, que no era muy a menudo. La miró, estaba resplandeciente, la había limpiado justo el día antes de llevarla al hospital, para ponerla contenta, pero su madre apenas había sonreído.

Ni siquiera la lasaña que había cocinado le había devuelto el ánimo. Decía que estaba cansada, pero por dentro, no quería pensar ni esperar más y tenía ganas de irse. Cuando le dijo todo esto ella se asustó y quiso llevarla entonces, pero ella se negó en rotundo.

-¡No me duele nada!, sólo estoy melancólica, no seas tonta, ¡verás como mañana me animo! Es el frío que hace, y los días nublados ya sabes que me ponen muy triste.

La dejó estar, pero se mantuvo despierta toda la noche, escuchándola suspirar y quejarse débilmente. En dos ocasiones se acercó a la cama a preguntarle, pero ella la mandó acostarse otra vez, estaba bien. A la mañana siguiente sin embargo, llamó al ambulatorio. El médico, después de reconocerla, decidió llamar a una ambulancia para llevarla al hospital, pero ella decidió llevarla en su coche, más rápido y menos preocupante para su madre, que se asustaba con facilidad últimamente.

Interrumpió la marea de sus pensamientos cuando las lágrimas la acongojaron. Abrió el frigorífico, que estaba rebosante de comida, preparado para los días que se avecinaban, y le pareció insultante el concierto de formas y colores que poblaban todas las baldas y cajones. Cogió una cerveza y lo cerró.

Ni siquiera había pensado qué iba a beber, y cuando miró la botella se sorprendió. No le vendría mal para relajarse, estaba casi en ayunas y seguro que la haría dormir rápido, pues se encontraba tan alterada y triste que no sabía si podría dormir.

Apagó las luces del árbol, cerró las cortinas y bajó las persianas, dejando el salón en penumbra. Luego se tumbó en el sofá, mirando hacia la esquina donde siempre se sentaba su madre y, por un instante, le pareció verla y sonrió para sí. Las más importantes conversaciones de su vida las había mantenido aquí, en esa misma postura, mientras su madre la escuchaba atentamente, moviendo los labios a la vez que ella, como si dictara lo que tenía que decir.

Ella se reía cuando se lo comentaba, y la respuesta era siempre la misma.

- ¡Así te entiendo mejor, y se me queda dentro todo lo que me cuentas!

La verdad es que siempre habían hablado mucho, desde que ella podía recordar. Con su padre nunca habló, y su madre tampoco hablaba con él, simplemente compartían la casa y, de vez en cuando, cada vez menos, su padre las gritaba e insultaba, a ella y a su madre. El resto de sus hermanos parecían no existir, simplemente crecían juntos compartiendo a veces sus juegos, sobre todo cuando era pequeña. Después cuando creció, no recordaba haber compartido nada más con ellos, excepto disgustos y peleas. Ni siquiera continuaron estudiando más allá de lo obligatorio por la ley y no cumplieron los trece años en el colegio.

Ella fue diferente. Apoyada por su madre, y a pesar de la siempre negativa actitud de su padre, consiguió ir a la universidad, estudiando con becas durante muchos años, trabajando todos los veranos fuera, en la costa, y en el extranjero luego. Londres, Paris...

Por fin, cuando terminó de estudiar, consiguió un buen trabajo y se fue a vivir a Barcelona primero, donde conoció a su primer marido, del que se divorció seis años después, cuando pidió el traslado a Miami con la consiguiente pena que produjo a su madre, a la que llamaba todas las semanas, y a la que venía a visitar dos veces al año.

Allí estuvo otros seis años, hasta que su padre contrajo el cáncer que le quitó de en medio en seis meses. Alcanzó a verle los últimos once días de su vida.

Recordaba que entonces también era Navidad, pero él logró llegar hasta el día de su cumpleaños, un once de enero, que casualmente también lo era de su madre. En un mismo día celebraron dos cumpleaños y un entierro.

Aquella vez fue diferente, recordó como protegía a su madre y ella se dejaba proteger. Estuvo cinco días en el hospital, sin dejar el lecho del moribundo ni un momento, sin pensar si lo merecía, sin dormir, sin comer, y sin ir al baño excepto para lavarse la cara y orinar.

Esto lo recordaba claramente, a pesar de hacer ya doce años, porque las dos tuvieron que abandonar la iglesia precipitadamente por un ataque de risa nerviosa.

Justo durante la misa por el funeral, mientras el féretro aún se hallaba ante el altar y en el centro del pasillo, justo delante de ellas. Fue por una ocurrencia que le pasó por la cabeza y que susurró a su madre al oído, cuando vio aparecer al sacerdote que iba a oficiar la misa.

- ¡Si se asomara y viese que el cura se parece a Barragán, al que no podía ni ver, se muere otra vez de la irritación!

Por suerte ambas tenían pañuelos con los que lograron cubrirse la cara, mientras esquivaban las miradas reprobatorias del resto de la familia, sobre todo de su hermana y de sus tías por parte paterna. El hermano pequeño les sonrió extrañado, y ellas trataban de confundir sus risas con llantos entrecortados, mientras las lágrimas corrían por sus mejillas. Enfilaron el pasillo central con la cabeza agachada y abandonaron la iglesia. No se detuvieron hasta llegar a la casa, que estaba muy cerca de la iglesia. Apenas llegaron, su madre se encerró en el baño y estuvo allí más de media hora, mientras charlaba con ella a través de la ventana que daba a la parte trasera de la cocina. Mientras ella se bañaba, Leonora preparó un cartel escrito a mano, que rezaba así:

- "La viuda les agradece las muestras de condolencia, y estoy segura de que el difunto se lo agradecerá también desde donde esté, pero no puedo recibir a nadie, estoy demasiado cansada, treinta y ocho años es mucho tiempo y tengo que dormir. Gracias".

Cuando se lo enseñó la miró extrañada, con todo el asombro reflejado en sus negros ojos, más profundos por las enormes ojeras que los rodeaban, pero después de pensarlo un momento, asintió con la cabeza, mientras exclamaba.

- ¡De todos modos es verdad!, y él no puede tener queja de cómo lo he tratado estos últimos meses, y sobre todo esta última semana. Ni de ti ni de mí, ni de nadie, y el que tenga queja, que venga y me pregunte, ¡pégalo en la puerta que me voy a acostar!

Ya estaba profundamente dormida y nunca se enteró de la acalorada discusión que tuvo con sus hermanos cuando llegaron, especialmente con Palmira, que la acusó de querer manchar el nombre de la familia una vez más, de no haber perdonado a su padre, de sus excentricidades de loca y amargada y no sabía cuantas cosas más, a todo lo cual respondió entrando a su habitación y cerrando la puerta.

Preparó su maleta y se marchó a la mañana siguiente, ellos se encargarían de ayudar a su madre a preparar los detalles para cobrar la pensión, ya ella le había preparado la lista de los papeles necesarios, y estaba segura de que seguirían sus consejos.

Decidió no volver a trabajar en el extranjero, y aceptó el puesto que le ofrecieron en Madrid, en Plaza de España, con un precioso apartamento justo en la Gran Vía madrileña, que tanto le había gustado a su madre cuando viajó a la capital allá por los años cuarenta.

Consiguió llevarla de visita una sola vez, a los dos años de quedarse viuda, pero no quiso quedarse más de una semana. Alegaba el malestar que le producía estar alejada de sus hermanos que, aunque no eran niños y tenían a sus propios hijos, que eran sus nietos, los echaba de menos.

Aunque realmente las visitas no fuesen tan prolíficas como para que esto sucediese, de lo cual siempre se quejaba.

Disfrutaron como niñas durante toda la semana. La llevó al Retiro, al cine, al teatro y a cenar un par de veces fuera. Lo que más le sorprendía eran las escaleras mecánicas y las luces, que no se apagaban nunca.

Hasta que llamó Palmira por teléfono, diciendo que ella también tenía derecho a llevarse a la abuela de visita, cosa que no había hecho nunca. Pero ya sus niños se estaban haciendo mayores, y se podía quedar con ellos por las noches, para que su marido y ella pudiesen disfrutar también de un poco de vida de solteros, porque habiéndose casado tan jóvenes, a los dieciocho él y uno más ella, se habían limitado a criar sus dos hijos, niño y niña, que andaban siempre como asustados, con aquel exceso de educación que decía Leonora. Apenas lograba arrancarles unas palabras cuando iba de visita, y casi ni se les notaba que eran niños.

Realmente no se la llevó tantas veces como ella hubiese querido, ya que la abuela tenía sus propios planes. No le importaba que le acercasen los nietos, y hasta que los dejasen dormir allí, pero no estaba dispuesta a dejar la casa a sus hermanos para que disfrutasen de una vida de solteros que ya no podían tener. Los dos estaban casados, y con cuatro niñas el primero y tres niños el segundo, pero tanto al uno como al otro, les gustaba echar una canita al aire de vez en cuando, y aprovechaban las visitas de la abuela a la casa de su hija, para usar el hogar familiar como picadero barato.

La viudez la hizo más solitaria, veía mucho la televisión, especialmente en invierno. En verano, muy temprano por la mañana, iba a visitar a su tía, más joven que ella y la única hermana que quedaba viva y que no se había movido del pueblo desde que regresó del norte. La consideraba la más afortunada de todas las hermanas; por haber tenido un marido muy bueno, que no le dio mala vida y con el que podía hablar; porque consiguió volver con todos sus hijos al pueblo, y por ser la más alegre de la familia.

Luego, después de las doce, no volvía a salir. El calor y los kilos la fatigaban.

Era muy diferente de cuando era más joven. Cuando armada con sillas, sombrillas, fiambreras y neveras se llevaba a sus cuatro hijos a la playa, donde pasaban todo el día cogiendo almejas a la orilla del mar. Ella las preparaba con arroz al día siguiente, A Leonora no le gustaban en absoluto, especialmente desde aquella vez en la que su padre llegó bebido, como de costumbre, y revoleó la cacerola con todo su amarillo arroz y las almejas hasta la calle. Nunca más volvió a cocinar almejas, y ella seguía odiando el exquisito plato.

No pudo evitar manchar sus pensamientos, agradables por unos momentos, con las más crueles anécdotas.

Su madre había sido una mujer maltratada, pero en una época en la que callar era la única solución, pues ni la policía ni la guardia civil se dignaba a acudir a una casa a mediar en una disputa familiar.

Menos aún cuando se trataba de su padre, muy conocido en el pueblo y venerado por toda la vecindad que, o bien ignoraba, o pretendían no escuchar los gritos e insultos que traspasaban las paredes de la casa donde había pasado su infancia.

La intensidad de las peleas fue disminuyendo conforme ellos se hacían mayores. Especialmente cuando consiguieron mudarse por fin a un piso, cuando Leonora cumplía dieciséis años y se enfrentaba a él siempre que le pillaba en la casa. Cuando consiguió que su madre accediese a no compartir nunca más el lecho con su marido. Una más de las razones por la que él la odió siempre.

De jovencita, nunca entendió porque su madre no se había separado, pero al pasar los años, al hacerse adulta, se fijó en la rueda de circunstancias que rodeaban a la gente de los pueblos, atrapados por las habladurías que propagaban unos a otros. Llegó a la conclusión de que ella misma había sido una víctima más, por eso aguantó todos esos años, resguardada por una fachada hipócrita, que consistía en salir con los maridos en las fiestas del pueblo o algún que otro domingo, comer tapas y observar cómo estos se iban emborrachando, para que al llegar a sus hogares, volviesen a ser esas sumisas mujeres que convivían con una especie de doctor Jekill y Mister Hyde, dispuestas a aguantar cualquier cosa con tal de no ser señaladas como "malcasadas".

Tal vez era por eso que Leonora, en un acto de rebeldía, se había divorciado ya tres veces. Era el tema de conversación favorito entre sus hermanos y primos que seguían arrastrando sus matrimonios como una pesada losa que concluiría como la de su madre, con una viudez solitaria, un velatorio concurrido donde las manidas frases de "que buena era" se mezclarían con algún que otro chiste y mucho café, y algún que otro coñac.

Un entierro como el que se avecinaba al día siguiente, más o menos concurrido, por la hora, que sería también al mediodía, y después… nada. Una misa al mes de su muerte, y luego otra al año si había suerte y la familia se ponía de acuerdo para elegir el día. Tal vez ni eso.

El tiempo pasaría y su madre sería una foto amarillenta en la pared de las casas de sus hijos, hasta que poco a poco la irían reemplazando por una cada vez más pequeña; hasta que les llegase la hora a ellos mismos.

Realmente no era muy halagüeño el futuro que les deparaba la vida, pero ya sabía que era prácticamente igual en todos los pueblos de casi todo el mundo.

La inmovilidad del ser humano cuando teme enfrentarse a lo desconocido, hace que casi nadie se mueva de sus lugares de origen. Ni para cambiar de empleo, o romper la secuencia de novia-esposa-abuela y adiós. Con un poquito de suerte, lograrían comprar hipoteca mediante algún terrenito para poder dejárselo a los niños, pues la mayoría no pensaba ni en viajar ni en vacaciones. Eso en el mal llamado "mundo civilizado". En los países del tercer mundo, ni tan siquiera existía esa alternativa. Nacer, reproducirse y morir. Continuando la cadena sin dejar que se rompiera el último eslabón, el del ser humano.

Pero ella, al igual que algunos otros de sus paisanos, quienes un día cogieron sus guitarras o sus inquietudes y volaron a otros ambientes más enriquecidos, también quiso ser diferente. Ajena al condicionamiento que batallaba cada día para ganarla para su causa, luchó por salir de la rueda anodina que impregnaba al pueblo. Su libertad siempre fue muy importante, y de las enseñanzas recibidas tanto en su etapa escolar, como las más duras lecciones que enseña la propia vida, siempre se decantó por una forma más práctica de ver el mundo. Eligió el concepto de la ciencia, antes que el de la propia religión o la política.

Ya había visto que a su madre de poco le había valido creer en Dios y tener la casa llena de estampitas de todos los santos; ni que a su abuela, que vistió de hábito "del Carmen", desde que se quedó viuda a los cuarenta años, con siete hijos hasta el día de su muerte, y que se sentía comunista, tampoco le sirvió de nada su fe en la igualdad para todos. Ni siquiera compartiendo sus pocas ganancias con sus hijos logró evitar que casi todos ellos tuviesen que emigrar desde el pueblo hasta lugares tan alejados como Bilbao, Barcelona, Tarragona, o incluso Francia. Hasta que regresaron años después, con algo de dinero ahorrado, algunos. La mayoría permanecieron en su lugar de adopción.

Así, que ella misma, decidió dejarse arrastrar por la ola de cambios que surgió en el país a la muerte del gobernante que más tiempo llevó la nación, y evolucionó, dejando atrás costumbres y reglas válidas para aquella iglesia que ella repudiaba, haciéndola culpable de las muchas desdichas y penalidades que tenían que soportar mucha gente en el mundo.

Su propia familia y amigos de la niñez se habían convertido en saludos efímeros cuando se encontraba con alguno de ellos en sus cortas visitas al pueblo.

 Se la acusó de haber sido la pionera del top-less, en las playas de la zona, vírgenes entonces, en la época en la que era un absoluto escándalo, especialmente en aquel pequeño pueblo pesquero del sur. También fue la pionera de la vida en pareja, del matrimonio civil, de las separaciones, las acampadas, las protestas, y todo lo que había conllevaba saltar de un régimen político a otro. De todo había salido airosa.

Nunca le importaron los comentarios, ni de familia ni vecinos, y siguió adelante, cada vez más alejada de todos. Con el tiempo, alejada también en el plano físico, pero siempre con aquel enorme cordón umbilical, que la seguía por donde quiera que fuese: la figura de su madre, que nunca estuvo lejos de su corazón.

Ahora, en ese momento, Leonora empezaba a sentirse verdaderamente libre, no por ella, sino por su madre, a la que suponía ya en un plano superior desde donde les observaría a todos y probablemente se reiría de toda la pantomima que se estaba representando. Era todo una representación. El dolor no se debe mostrar, nadie puede medirlo, sólo sentirlo. No lloramos por los que se van, sino por nosotros mismos, por la pérdida y por no querer aceptar que todo tiene un comienzo y un final, que la materia desaparece, y que el espíritu es el que prevalece.

Otra imagen más reciente irrumpió en su cerebro, la que no quería recordar, la del cuerpo de su madre yaciendo indefensa y frágil en aquella fría camilla de la Unidad de Cuidados Intensivos. Cuando la dejó sola por un momento, en compañía de su hermana, después de que el médico les comunicara a ambas, que el hecho de meterla en esa unidad, no significaba que volviese a recuperarse, sólo sería alargar aún más su agonía, pues su cuerpo no presentaba lucha, era el final de su larga y triste vida.

Había subido corriendo a llamar por teléfono a sus dos hermanos. Más que a pedirles aprobación, a comunicarles que la decisión la tenía tomada su madre hacía tiempo: no quería que la conectaran a ninguna máquina, no quería ser ninguna carga, ni someter a los seres queridos a más dolor del necesario. Sin embargo, cuando volvió, su hermana había tomado la decisión por todos y le estaban colocando infinidad de cables y parches que destacaban vívidos y amenazadores sobre su blanca piel.

Sus ojos, tristes y llorosos la miraron, y moviendo la cabeza, susurró con un hilo de voz.

-¡No dejes que me hagan esto!, ¡no quiero estar aquí!, ¡tengo frío, llévame de nuevo a mi habitación! ¡Por favor Leonora!

El corazón se le desgarró, y allí comenzó la agria pelea que tuvo con su hermana y que duró toda la larga noche, en la que Palmira, refugiada y apoyada por su marido, no dejó de lloriquear junto al cuerpo de su madre, que reposaba, por fin, en una habitación de planta, junto a dos camas más, sobre las que también se cernía la sombra poderosa de "la parca". Mientras los médicos le llamaban la atención durante toda la noche por sus incontrolables muestras de dolor, que iban desde el leve gemido junto a la cama, hasta los llantos desconsolados en la misma puerta, que sobresaltaban a todo el silencioso pasillo.

No era bueno que el paciente agonizante supiera del dolor que estaba provocando. Ella no sentía nada, estaba sedada, pero aún luchaba débilmente para zafarse de las garras de la muerte, murmurando, cada vez más apagadas, frases incoherentes al oído de Leonora. Sobre la casa, los hijos, los nietos, los perros, la luz, el sol, y un sinfín de cosas más que sólo tenían sentido para ellas dos mientras ella batallaba con la enorme pena que la embargaba y las lágrimas que pugnaban por salir de sus ojos.

La más profunda oscuridad la envolvía y no logró reconocer las familiares sombras del salón. El timbre del teléfono de la casa sonó fuertemente una vez más, rompiendo con su estridencia la calma que reinaba en la casa. Leonora se incorporó del sofá donde se había quedado dormida y levantó la persiana a su derecha. En la calle, la noche se rompía por las luces de navidad, ahora encendidas: rojas, azules, verdes y amarillas. A lo lejos se podían escuchar los eternos villancicos que cada año el ayuntamiento se encargaba de hacer llegar –vía megafonía- hasta donde nunca eran apreciados.

En penumbra, se acercó al teléfono. No había dejado de sonar. Descolgó y adivinó los gritos antes de acercárselo a la oreja. Era su hermana.

-¿Qué pasa? ¡Tú no piensas venir! – Afirmó antes de preguntar -¡Todo el mundo esperando y preguntando por ti! ¡Y la señorita tiene el móvil apagado! ¡Son casi las once de la noche!

La dejó gritar, y sólo acertó a decir

-¡Me he dormido!, ¡ahora voy!, ¡no creo que mamá se vaya a enfadar ahora!

Se arrepintió nada más decirlo, pero no quiso escuchar más y colgó el teléfono.

Encendió la luz y el vacío la golpeó de lleno. Era extraño no ver a su madre sentada en su sofá junto a la ventana, no oír la televisión con su volumen siempre alto, ni oler el aroma de pescado frito que normalmente salía de la cocina.

Eran los recuerdos que la asaltaban más a menudo cuando estaba fuera, pero ahora estaba aquí. Miró el reloj, las once menos cuarto. Se tenía que duchar y cambiar de ropa. Se encaminó a su cuarto y vio la maleta a un lado de la cama, demasiado grande para el armario ella siempre la dejaba allí, donde también le servía para apoyar la ropa que iba cambiando y que su madre doblaba con esmero cada día.

Fue más bien por inercia, no era un movimiento calculado, pero cogió la maleta y la depositó sobre la cama. La abrió, y con movimientos que parecían ser ordenados por alguien más, comenzó a recoger la ropa que colgaba del armario y de los cajones.

Entró en la habitación de su madre, sacó el enorme álbum de fotos que ella conservaba en un cajón de su desvencijada cómoda y descubrió un enorme paquete con las numerosas cartas que ella también le había escrito. Esto la sorprendió, no esperaba que las conservase tanto tiempo. También estaba el chal gris de cuadros, su favorito, el que se ponía para salir a la calle en los fríos días de invierno.

Dudó si seguir buscando en los otros cajones, pero volvió a su cuarto y lo puso todo en la maleta, en la que apenas cabía nada más. Eligió un conjunto marrón de pantalón y chaqueta para después de la ducha, no pensaba vestir de negro y cuanto antes lo supieran sus hermanos y familia, mejor.

Este pensamiento la devolvió a la realidad del momento. Se estaba preparando para el velatorio de su madre y por primera vez comprendió que su sufrimiento era porque quedaba sola. No era sólo su madre quien se había marchado, sino toda su infancia, su adolescencia y hasta su propia madurez de mujer; su único punto de referencia con lo que había sido su pasado, su familia entera se iba con ella. Esta vez no lloró, el pensamiento la dejó vacía, hueca, y tomó la decisión en ese momento.

Cuando enfiló la salida del pueblo, dejó el cementerio a su izquierda y supo que no volvería en mucho tiempo, quizás nunca. Ya sabía donde la iban a enterrar, junto a su padre, y el pensamiento no la consoló. Sí lo hizo el saber que su espíritu volaría libre al fin y quizá su próximo karma fuera una vida más justa y feliz para ella.

No pensaba marcharse sin verla una vez más, aunque fuese a través de un cristal. Imaginaba las caras que pondrían sus hermanos, sus tías y demás familia cuando ella llegase. Realmente era una loca, ¡dejar sola a su madre en su última noche en la tierra!, pero no les daría tiempo a reaccionar. Se marcharía enseguida, se despediría de sus primas más cercanas, con las que siempre tuvo muy buena relación, y nada más. Su tía la entendería, ya la llamaría por teléfono y le explicaría que no podía quedarse allí, que se ahogaba, que tenía que seguir andando.

Las luces del decorado navideño parecieron ráfagas de fuego al pasar con el coche que, apresurado, corría cada vez más rápido. La premura por llegar y acabar cuanto antes con todo el teatro la hicieron apretar con fuerza el acelerador. El pensamiento más tenebroso de todos ocupó por completo su mente una décima de segundo: la soledad y las lágrimas aparecieron de repente, anegando sus ojos, haciendo que todas las luces que la deslumbraban estallasen a la vez dentro de ellos.

Apenas veía la carretera, hacía tanto tiempo que no había estado por allí que no reconocía el camino; el asfalto se veía nuevo; las señales, tan familiares en otras carreteras, apenas se percibían; las habían cambiado todas. Un amarillo ocre se mezclaba con pálidos y desvaídos blancos, había mucho tráfico. Iba detrás de un Ford blanco, con matrícula de Madrid, y lo siguió por inercia. Estaba adelantando. De repente se metió otra vez en el carril, pero para ella fue muy tarde. Justo después de la curva, apareció la enorme mole del camión. No le dio tiempo a evitarlo, se empotró de lleno contra él.

El tanatorio era un edificio muy moderno, la cafetería se divisaba a su izquierda y estaba bastante concurrida. Al lado, unas enormes cristaleras daban entrada a las diferentes salas para velar a los difuntos.

Había muchos coches y se oían lamentos amortiguados y voces y risas susurradas que provenían sin duda de las gargantas de los que velaban, y parecía haber muchas, señal de que había más de un muerto aquella noche en el vasto y aséptico recinto.

Aparcó el vehículo a un lado y a través de las sombras trató de reconocer alguna cara familiar. Un grupo de hombres pasados de la treintena, escuchaban en silencio mientras uno de ellos contaba un chiste. Se estaban pasando lo que parecía un porro, con las manos ateridas de frío. Apretó el paso y se acercó hasta ellos, justo cuando alguien hacía un comentario.

-¡Bueno! La hermana la mayor no llega, y el ambiente ahí dentro está que quema, ¡no veas el mosqueo que tiene la otra!

Todos le miraron, y el más chistoso de ellos le soltó:

-¡Es que ésta parece un sargento!, no deja que nadie diga ni una palabra, sólo quiere escuchar llantos, y tampoco hay que exagerar... La pobre mujer está descansando ya y a ella le gustaba mucho los chistes en los velatorios, decía que lo hacía más ligero de llevar, y se reía mucho conmigo. ¡Hay que relajarse que queda mucha noche todavía!

Pasó de largo y se dirigió al bar. Había mucho bullicio, gente comiendo bocadillos y tomando tazas de café, otros pedían carajillos de coñac, y los más recatados entraban fugazmente, pedían una botella de agua y se marchaban enseguida.

Siguió a un grupo a través de una puerta lateral, y allí mismo se encontró un panel con los nombres de los difuntos y la sala donde se encontraban.

Tuvo que atravesar el enorme recinto para llegar a la sala número uno, que se encontraba semivacía.

Ambas paredes, alrededor de un enorme escaparate situado al fondo del gran salón, aparecían sembradas de bancos alargados que se adivinaban incómodos, un par de mesas en el centro con ceniceros repletos de colillas, y botellas de plástico vacías.

Era todo el mobiliario existente.

Se acercó en silencio hasta el gran ventanal del fondo donde descansaba el cuerpo. Era una señora mayor, con un impresionante pelo blanco que semejaba ser un halo alrededor de su cara, dulce y serena, y hasta parecía esbozar una sonrisa.

La expresión de paz le impresionó, parecía estar dormida. Un sudario blanco la rodeaba, sus manos reposaban sobre su pecho y el volumen de su cuerpo llenaba por completo el ataúd, que aparecía flanqueado por enormes jarrones llenos de flores.

Se volvió desde allí y observó a las pocas personas que había. Dos señoras mayores de negro, sentadas juntas, muy cerca del enorme cristal que las separaba del cuerpo, parecían ser hermanas de la difunta, lloraban en silencio y murmuraban entre sí. Otro grupo de unas ocho mujeres, más jóvenes, fumaban y charlaban en voz baja en el extremo opuesto; y algo apartados de ellas, una pareja. La mujer parecía desconsolada, apoyaba la cabeza encima del que parecía su marido, apretando un pañuelo fuertemente entre sus dedos, mientras suspiraba profundamente, murmurando palabras inteligibles. Hacía apenas dos horas del accidente, y dada la cercanía de los pueblos no fue difícil averiguar de donde venía, lo increíble había sido saber adonde se dirigía. Se acercó hasta el único hombre y le espetó la pregunta a bocajarro.

- ¿Son ustedes familiares de la difunta? ¿Conocen a su hija, Leonora Martínez Rejón? Soy de la Guardia Civil de tráfico, ha habido un accidente...

Pasaron muchos años, y en el pueblo siempre se habló de aquel entierro.

Febrero 2003

EL DÍA QUE MURIÓ JOHN LENNON

(Recuerdos de todo un pueblo)

Eran finales de noviembre de ese mismo año, el ochenta. Un viernes, por la mañana temprano y con un mal tiempo increíble, de los que muchos de nosotros imaginábamos que habían tenido el día de Trafalgar; quizá para sentir menos culpa por la batalla que se libró en nuestras aguas y que tanto dolió a la España de aquella época con un Levante de un par de cojones y fuertes marejadas en el Estrecho.

Apareció de improviso en el pueblo, venían escapando del temporal, y se refugiaron en el puerto. Parecían haber salido de aquella mismísima batalla. Su casco negro brillaba azotado por la lluvia. El mascaron de proa parecía pedir auxilio cuando levantaba el morro al salir de entre las olas que castigaban la bocana del puerto. Venía a motor y llevaba las velas recogidas, pero se adivinaba su volumen bajo las cuerdas de los altos mástiles que lo coronaba.

Era un barco pirata, pero de los de verdad. Su nombre aparecía pintado en enormes letras góticas, en blanco y negro, en un costado, "Marqués", un nombre masculino a pesar de llevar bandera inglesa.

Siendo como éramos un pueblo de tradición marinera, a lo máximo que estábamos acostumbrados por aquel entonces era a los barcos japoneses que venían cada año para llevarse el atún de nuestra almadraba, y algún yate que llegaba, como ellos, a guarecerse de la tormenta. En el varadero sólo se reparaban los barcos de pesca locales o se construía alguno nuevo de vez en cuando, y aunque en esos momentos tenían más actividad que nunca, nadie había visto nunca, o muy pocos, ningún barco de esas características, el "Juan Sebastián Elcano" era lo más parecido, los otros eran del mundo del cine.

En verdad era un barco pirata, con sus mástiles, sus velas, y todo su cordelaje, construido en madera, con una popa donde se veían las ventanitas cuadradas, de las habitaciones del capitán, su timón impresionante, las cabinas de los tripulantes en el centro, bajo la escotilla que se abría cerca del palo mayor. Su mascaron, representado por la figura de una ondina, y que se erguía desafiante mientras enfilaba la entrada del puerto.

La tripulación que se divisaba desde tierra, nerviosa y ocupada, realizando las maniobras de atraque al puerto, no podía parecer más pirata.

Llevaban el pelo largo, con señales de no haber visto el agua dulce en bastante tiempo, con pañuelos en la cabeza, al estilo más bucanero algunos de ellos, y con enormes aros colgados de las orejas. Otros, ropajes que cubrían con extraños cinturones de cuero, desde donde colgaban raras herramientas para los profanos en los conocimientos del mundo marino. Casi todos eran altos, rubios y fuertes, y proferían unos gritos ininteligibles para los numerosos espectadores que poblaban el puerto aquella mañana.

Como era viernes y hacía mal tiempo, casi toda la flota pesquera del pueblo estaba amarrada en el puerto, aprovechando para reparar redes y asegurar los barcos al muelle. Sin embargo todos miraban atónitos y asombrados la entrada del majestuoso navío.

Pronto se supo que la mayoría eran ingleses, aunque también había un polaco, un americano y algún que otro holandés. Lo más sorprendente era que no sólo venían hombres como parte de la tripulación, sino también mujeres y hasta cinco de ellas, a las que se veían tan ocupadas como el personal masculino, y gritaban como ellos, al unísono.

Las noticias siempre habían volado muy rápidas en el pueblo, y por aquel entonces aún más. Ese mismo día, a la hora del almuerzo, en todas las casas de Barbate donde había un marinero se sabía ya que el "barco pirata" había llegado. Algunos empezaron a hacer conjeturas sobre cuánto tiempo se quedaría allí, anclado al lado de la fábrica de hielo, y sobre cual sería su cometido.

No es de extrañar que aquella misma tarde, con mal tiempo y todo -aunque la lluvia había parado- fuéramos muchos a contemplar aquel misterioso velero. Los que eran más jóvenes, picados por la curiosidad, incluso abandonaron las clases en el instituto para no perderse el espectáculo, encontrándose con la sorpresa de que no sólo hermanos mayores, sino incluso algunos de los abuelos, se encontraban en el muelle cuando llegaron.

Los extranjeros nos miraban y sonreían desde el barco, mientras ordenaban un enorme montón de cuerdas desparramadas por la cubierta; algunos vestían unos enormes chubasqueros amarillos sobre la ropa, que les protegía del fuerte viento.

Se veía también a algunas de las chicas, por lo menos un par de ellas, estrafalariamente vestidas. Parecían llevar sus ropas como las cebollas, capa tras capa, y extremadamente delgadas, sentadas sobre algunos fardos de loneta, usados para el velamen.

La barrera del idioma no detenía a los curiosos, quienes con mímica y a grito pelado les preguntaban quienes eran.

Bastaron muy pocos días para que nos enterásemos del origen del Marqués. Pero hacia dónde se dirigían y cuánto tiempo iban a quedarse tendría que esperar más tiempo. Ni ellos mismos lo sabían. Al menos hasta que las condiciones para la navegación fueran mejores.

Había sido construido en 1917 en Valencia y usado en el transporte de frutas de Canarias a la península hasta que fue abandonado en un viejo astillero. Allí lo encontró un inglés aventurero, en mil novecientos setenta y uno, quien lo compró y lo restauró durante cinco años para más tarde alquilarlo a productoras para rodar algunas películas como "Drácula", y series de televisión, como "La línea Onedin", "Poldark", "el señor de Ballantree" y muchas más. El aspecto actual lo había adquirido cuando hizo la famosa serie de la BBC, "El viaje de Charles Darwin", en 1977, cuando permaneció varios años rodando por Tierras de Fuego, el Estrecho de Magallanes y otros fantásticos y recónditos lugares, recreando el viaje de aquel famoso velero que fue el "Beagle", usado por el renombrado científico para su teoría sobre el origen de las especies.

Había regresado intacto, era un buen barco. O para pequeños cruceros románticos donde se podía aprender como maniobrar en un barco velero trabajando al mismo
146

tiempo. Tenía unos treinta y siete metros de eslora, y sus velas medían más de seiscientos metros. Realmente era una bonita estampa allí, en el puerto. Parecía pertenecer al lugar.

Iban camino de algún lugar de Marruecos o Mauritania para repararlo, y hacerle algunos cambios, pues había en proyecto una nueva película, algo llamado "Tai Pan", basado en un libro de James Clavell, y se iba a rodar en la aún llamada Yugoslavia, pero el mal tiempo les había obligado a guarecerse aquí, y parecían estar encantados con los posibles cambios de planes. En un principio les habían dicho que se quedarían una o dos semanas, pero el capitán cambiaba con frecuencia de planes, y el destino también nos sorprende siempre de la manera más insospechada.

En aquellos tiempos se abrieron muchos "pubs" en Barbate. Siempre serán recordados el Zodíaco, el "GorFock" "el Sitio", "bar Nelinger", "pub Royal", "el Géminis", "Bora-Bora", las discotecas "Madison", "Isadora", "el Atarraya", "el Patio", y para muchos, uno de los mejores, "Los Mitos". Fue inaugurado en aquellas fechas, en un escondido callejón de una de las calles más antiguas, la de Agustín Varo, donde estaba el cine Malia, y cuyos patronos, Paco y Paqui, siempre fueron unos abanderados de la música y la cultura en el pueblo. En pocos días se convirtió en el lugar favorito para las reuniones.

Estaba decorado con carteles de películas antiguas y de actores y actrices como Marilyn Monroe, Humphrey Bogart, Clark Gable, "Lo que el viento se llevó", etc., y de músicos de renombre, como " The Beatles", que nos miraban y sonreían desde sus paredes mientras sonaba la música y circulaban las cervezas y los "cubatas". Mucho Lennon, Dylan, Supertramp, Eagles, y por supuesto Miguel Ríos y Serrat, siempre presentes en nuestras vidas desde aquel entonces.

Como el dueño había vivido gran parte de su vida en Barcelona, no sólo su conocimiento sobre "lo más", musicalmente hablando, sino su facilidad por hacerse con los últimos hits y su propio aspecto físico -dotado de una larga y poblada melena- además de su destreza en tocar la batería que le había llevado a formar varios grupos de música, habían hecho de Los Mitos el lógico lugar donde recalaban toda la juventud dotada con algún tipo de inquietudes, no sólo del pueblo, sino de los alrededores. Su mujer, que fue la precursora de la igualdad de sexos y de las asociaciones de mujeres, trabajaba siempre codo con codo junto a él.

Como era de esperar, después de los primeros días los nuevos visitantes del pueblo no tuvieron mucha dificultad en dar con el lugar, y había varios de ellos que ya lo habían visitado, así que, aquel domingo siete de diciembre, "los Mitos" estaba más concurrido de lo normal.

La camaradería más genuina reinaba en el ambiente sobre las ocho de la noche. Era temprano y entre los amigos y familiares de los dueños, que eran muchos y de todas las edades -incluyendo una abuela octogenaria- se mezclaban muchas chicas, solteras y estudiantes la mayoría, y algunas de edades casaderas que no se atrevían a entrar y aguantaban estoicamente el frío de aquella tarde de diciembre. Mientras, un grupo pequeño de tres ingleses se encontraba situado en el fondo de una de las dos habitaciones con las que contaba el local, rodeados de botellas de cerveza vacías y llenas, tatareando algunas de las melodías que se dejaban oír entre el ruido.

Ninguno de los que nos encontrábamos allí teníamos idea de la repercusión que aquel barco y muchos de sus pasajeros iban a tener en las vidas de algunos de nosotros, ni del impacto que produjo, a nivel cultural, a los mayores del pueblo. Todavía no sabíamos que pasarían allí más de dos años, trayéndonos un aire nuevo. Volvieron a rodarse escenas de una película en nuestras playas, dividida en varios capítulos, para una serie de televisión, que contaba las peripecias del Marqués de Bradomin, del insigne Valle Inclán. Una jovencísima Amparo Muñoz, quien ya había sido miss Universo, sería la protagonista, con un no menos joven Manolo Sierra, que lo pasó bastante mal en sus cortas travesías a bordo del velero.

Los días de rodaje no fuimos pocos los que nos concentrábamos alrededor de la playa de la "yerbabuena" o del puerto, dependiendo donde se rodase aquel día, riéndonos como locos cuando los grandes ventiladores semejaban una tempestad de viento que azotaba el barco.

Se hacía para no rodar los días de Levante, pues todo el mundo se ponía muy malo a bordo del Marqués, aunque estuviese simplemente fondeado en medio del puerto.

Tampoco sabíamos entonces que muchos de los pisos más cercanos a la playa, que permanecían vacíos durante los largos inviernos, serían alquilados a los muchos tripulantes que pisaron las maderas del noble bergantín, significando una pequeña bonanza económica para mucha gente del pueblo. Ni que los comercios y las pequeñas tiendas de ultramarinos, junto a los pequeños restaurantes y bares de tapas florecieron por aquel entonces, impulsados por la alta consumición de cervezas y tapas -no sólo por parte de ellos, los tripulantes, sino por muchos de sus amigos y familiares que venían a visitarles de vez en cuando-. Algunos de los que tuvimos la suerte de mezclarnos con ellos, llegamos a conocer, especialmente a unos cuantos de sus hijos pequeños. Sam, pelirrojo, pecoso y mimado por todos, locales y foráneos. Fiona, pequeña, rubia y frágil como una hada pequeña. Muchísimas litronas se vendieron en todos los kioscos del pueblo en aquellas fechas.

Tampoco teníamos constancia, de que a algunos de nosotros se nos abriría un abanico de posibilidades, pues tuvimos la oportunidad practicar un idioma que se enseñaba en el colegio de la manera más básica, y allí teníamos un batallón de nativos dispuestos a enseñar, a cambio de aprender español.

Unos meses más tarde, recibiríamos la llegada de otro velero más, hermano del que ya convivía con nosotros, y propiedad de la misma persona, llamado "Ciudad de Inca", y que en vista del éxito alcanzado con la llegada del Marqués, decidieron traer para repararlo y cambiarlo a su vez, en el mismo varadero, que resultó ser más económico que el previsto anteriormente.

Nadie podía imaginar aquel día las muchas aventuras y peripecias que acontecerían a muchos de los estrafalarios personajes que allí vivieron. Ni la cantidad de historias que se formarían a raíz de su llegada, unas de amor, otras de amistad, historias de fiestas y problemas pero siempre con un denominador común: la camaradería. No siempre fue fácil combinar el trabajo de los ruidosos barbateños, con los pacíficos y metódicos británicos, que trabajaron codo con codo en la reconstrucción de ambos barcos.

La característica predominante de aquella larga visita fue sin duda el extraño humor que gastaban los hijos de la Gran Bretaña, quienes pasaban mucho tiempo maquinando bromas y gansadas entre ellos.

Una de las más sonadas, fue una broma que le gastaron a Chris, uno de los bromistas más pesados que nadie hubiese pensado en conocer y del que todo el mundo huía para no ser blanco de sus cada vez más truculentas bufonadas. Estaba éste esperando una de las pocas visitas que le podía hacer su esposa, quien vivía en Inglaterra y no era muy pródiga con los viajes a España. La fecha de llegada siempre se sabía de antemano, para poder organizar una de las dos furgonetas para ir a recoger a los pasajeros al aeropuerto bien de Málaga, o de Jerez. Pero una semana antes algo se movilizó entre los restantes compañeros del susodicho.

A las afueras del pueblo, en el llamado "lao yá", tenían los ingleses una especie de taller, el antiguo varadero al otro lado del río donde se fabricaban los enormes mástiles que en esta ocasión coronarían al Ciudad de Inca. Allí también se cosían las enormes velas que serían desplegadas un día para navegar una vez más en mar abierto. Había varias naves, donde se almacenaban incontables enseres marinos y donde se guardaban también los materiales y herramientas usados mayormente por estos peculiares piratas.

En un rincón de una de estas naves tenían habilitada una pequeña cocina, con un fogón de gas, donde hervía casi todo el rato una enorme cafetera llena de agua caliente que ellos usaban para su inquebrantable té, y que intercalaban con decenas de litronas de cerveza que siempre se encargaban de traer fría.

Durante la semana previa a la llegada de Fafa, que así se llamaba la señora del bromista, alguien se había encargado de conseguir uno de esos sacos de tela de arpillera, de los que se usaban de cuerda para envasar las patatas en el campo. Marrón y áspero, lo colocaron sobre una pila de cartones, en una de las esquinas más escondidas del enorme taller, poniendo buen cuidado en no visitar esa zona, durante una de las cortas visitas que hacía Chris, quien pasaba más tiempo a bordo que en tierra.

A lo largo de esa entera semana, cualquier cosa que fuese susceptible de corromperse o de ser arrojada a la basura, fue a parar encima del saco. Bolsas de té, cáscaras de fruta, algún resto de café o cerveza...

Y sobre todo, lo más importante, cuando alguien tenía ganas de vaciar la vejiga, lo más normal era dirigirse a algún rincón de la inmensa nave, y todos, incluyendo algunos pocos españoles que pasaban el día cosiendo redes, decidieron por unanimidad, ir a hacerlo encima del pobre saco, que absorbía todas las inmundicias.

Chris, ignorante de todo, proseguía con su quehacer diario, gastando de vez en cuando alguna broma, como la de llamar a alguien una vez que se hubiese alejado del barco lo bastante, teniendo que regresar a la carrera, para escuchar algún insulto del calibre de ¡gilipollas!, que después gritaba a grito limpio desde la cubierta.

Otra favorita suya era arrojar agua, o pis, según le diera, desde lo alto de los erguidos mástiles, donde pasaba la mayor parte de su tiempo, a los pobres incautos que pasaban por debajo suyo sin guarecerse.

Pero pronto todo iba a cambiar, el "Día C", como lo llamaban entre ellos, se acercaba muy rápido, pronto habría que ir a recoger a Fafa, y ellos harían que Chris no olvidase nunca ese día.

Era primavera, y había amanecido soleado y caluroso, y como casi todos los días, los ingleses se habían levantado temprano. No importaba a que hora se acostasen, siempre estaban de pie a su hora. Chris era un tipo muy alto y recio, con el cabello oscuro, rizado, que le cubría la nuca, nariz perfilada, y un pequeño bigotito que le daba aspecto de pillo sinvergüenza, era joven, de unos treinta años, y con un humor tremendamente sarcástico y cínico; era de los que menos se mezclaba con los españoles, no tanto por su torpeza para aprender la lengua como por gustarle mucho el silencio; siempre andaba sólo por los barcos, aunque la verdad, cuando se relacionaba socialmente podía ser muy simpático.

Había organizado la noche antes que a eso de las cuatro saldría en la furgoneta azul con Steve hacia Jerez, a recoger a su mujer y a otro par de marineros que se incorporaban a la plantilla.

Se sentía feliz, y no sospechó absolutamente nada cuando los muchachos le dijeron hacia el mediodía de ir hacia los talleres al otro lado, para llevar unas cuantas cosas que ocupaban espacio en la furgoneta. De esa manera podrían limpiarla un poco.

Con él fueron tres hombres más, y poco sospechaba lo que le ocurriría una vez llegasen allí.

Nada más parar el vehículo, mediante bromas y empujones le metieron en la nave principal, hacía la esquina donde reposaba el maloliente saco.

Entre los recién llegados y otros dos que ya estaban allí, cogieron al pobre Chris, y le dejaron en calzoncillos. Alguien sacó una gran bola de hierro, del tamaño de un balón de fútbol, de la que colgaba una cadena con grillete, y se la colocaron en el tobillo. Acto seguido, y antes de que le diese tiempo a recuperarse, le vistieron con el saco, al que le habían hecho unos agujeros para la cabeza y los brazos, y que colgaba seco y duro de una puntilla en la pared.

Lo tuvieron muy difícil, porque no dejaba de patalear y les costó bastante trabajo meterlo otra vez en la furgoneta para dejarlo a la entrada del vecino pueblo de Zahara de los Atunes, donde le recogió la guardia civil casi dos horas después, cubierto además con brea y plumas de gallina.

No fueron tan malos, y le dejaron ir hasta el aeropuerto; claro que tuvo que llevar la bola con el grillete, y pasar la noche con las dos, ¡la mujer y la bola!

Hubo otro acontecimiento que también marcó mucho la estancia de los barcos en el pueblo, aunque esta vez el suceso ocurrió en el vecino pueblo de Vejer de la Frontera, donde se había instalado un circo con motivo de las fiestas de la patrona del pueblo. Esta vez fue el otro Steve, un enamorado de los animales, quien con su correspondiente borrachera, le dio por pasar por algunas jaulas y abrirlas. Menos mal que sólo abrió la de los monos y ¡la de los perritos saltarines! Entre llantos y palabras de arrepentimiento consiguió escapar con una multa por alboroto público. Los dueños del circo prefirieron no poner una denuncia.

Ocurrieron infinidad de cosas, no todas tan buenas, y hasta hubo un incidente que hizo peligrar la pacífica armonía en la que convivían la pequeña comunidad de ingleses en el pueblo.

Dos de las chicas del barco, que habían salido a pasear por las afueras, cerca de lo que era el matadero, fueron atacadas a las cuatro de la tarde por un grupo de adolescentes, y aparte de asustarlas, manosearlas y romperles un poco la ropa, afortunadamente no les hicieron nada más. Todos los hombres de los barcos, en coches, furgonetas, y hasta en moto, armados con palos, fueron a por ellos, pero no llegó la sangre al río. Hasta los padres de los menores tuvieron que pedirles a la comunidad inglesa que les perdonaran, y que no pusieran denuncia. Nadie más intentó nunca propasarse con las británicas.

Fueron muchas las fiestas y celebraciones que festejamos codo con codo, y algunos de nosotros aún podemos recordar aquella fiesta que se hizo en "el Chorro".

Un día que, como siempre, había mucho Levante.

Todo el mundo estaba "emperraos" en que el cumpleaños del cocinero, Plum, que parecía la estampa de Neptuno, gordito y de una furiosa melena y barba roja, era un gourmet cocinando, y al que todos adoraban, se celebrase allí.

Había que hacer una fogata, y se habían traído toneladas de comida y bebida, pero el viento era desapacible y al caer la noche seguro que haría frío. Así que entre todos ellos idearon un plan. Tres fueron con una de las furgonetas hasta el barco, volviendo al cabo del rato con una de las enormes velas del Marqués que montaron a modo de "jaima", y donde nos guarecimos todos hasta bien entrada la madrugada, frente a una enorme fogata.

Juntos asistimos a la primera gran transición de un pueblo olvidado en la costa de Cádiz, y hasta vivimos la crisis de las Malvinas, con un semi-apoyo a los dos bandos; unos por el habla común, y otros porque los teníamos en casa; pero en realidad no hicieron demasiado alarde de su nacionalismo británico.

Estos eran una casta diferente y simplemente decían que la "dama de hierro" estaba loca, por eso no vivían allí.

Poco a poco se introdujeron en la vida del pueblo y para nosotros no eran "guiris", eran "los ingleses del barco". Los mismos que consiguieron arrastrar con ellos a dos chavales del pueblo, Mariano y el Bravo, que se fueron a surcar las aguas con el Marqués cuando partió. Dejó corazones divididos en ambos lados, unos decidieron quedarse y otros marcharse, pero a todos les quedó la huella del paso de aquellos barcos por sus vidas.

Pero nada de esto se sabía aún aquella noche de diciembre, en el bar Los Mitos, y todos empezábamos a conocernos, ajenos a los avatares que nos deparaba el destino.

Habían dado las once de la noche, y los mayores habían abandonado ya el local, igual que los más jovencitos. Quedamos los más trasnochadores, los que nos deleitábamos oyendo a Serrat, o a Dylan, y los que entonces empezábamos a hacer nuestros pinitos con los idiomas, sobre todo el inglés, que era lo más cercano en esos momentos.

Charlábamos con los tres tripulantes que llevaban allí desde la tarde, cuando llegó un nuevo grupo, esta vez más numeroso.

Parecían alterados y tristes, el más alto, Brian, se acercó a la mesa y les dijo algo a los otros. Sólo entendimos: "Lennon".

Parecía ser grave, pues todos se pusieron serios y pidieron más cerveza. Nosotros nos mirábamos sin entender, cuando el más extrovertido, nos dijo así:

- ¡Ahora, esta noche, John Lennon "finito"! Muchos ¡bang, bang!, en "Niu Yó".

Habían asesinado a John Lennon. Ellos lo habían escuchado por la BBC, cosa a la que muchos no teníamos acceso entonces. Las noticias siempre llegaban primero allí. Un loco le había disparado a bocajarro en la puerta de su casa, cuando volvía de una fiesta, delante de su mujer, Yoko. ¡Era increíble! Un icono de la paz muerto de la manera más violenta.

La atmósfera en el garito cambió por completo y a los más sensibles le brotaron las lágrimas. Otros teníamos el corazón encogido. En ese momento, Paco cambió la música, y la inconfundible voz de Lennon, cantando su himno de paz, "Imagine" empezó a sonar a través del potente equipo.

Todo el bar al unísono entonamos la canción, incluyendo los que no hablaban inglés, que tararearon el estribillo con el mismo calor que los marineros ingleses.

 Entonaban en pie la famosa balada, formando un grupo compacto cogidos por los hombros, con todos sus sentimientos en cada palabra.

Allí fue cuando nos dimos cuenta que esta gente de apariencia tan ruda y fuerte sentían como nosotros y que la convivencia con ellos era posible. La música unía fronteras y aquella noche, la madrugada del 8 de diciembre de 1980 -aunque el hecho de que alguien tan famoso y tan querido en todo el mundo muriese asesinado no implicaba mucho para el pueblo, excepto para los que más de cerca vivían la música, si lo era que fuese inglés y un héroe para todos ellos, sus paisanos- hizo que viviéramos el acontecimiento como algo más intimo de lo normal.

Se repartieron muchos besos y abrazos, se intercambiaron todas las muestras de condolencias posibles y nuestros sentidos pésames provocaron el llanto de más de un inglés. Se abrazaron a nosotros como si tuviesen miedo de irse ellos también, como si supiesen lo que iba a pasar en el futuro...

En memoria de Paqui Callado

De Antonio González, "el Glé"

De los barcos Marqués e Inca

Para que allá donde estén, sigan juntos surcando las aguas del infinito.

Octubre 2004

4.30 a.m. Domingo, 3 de Junio de 1984.

75 millas al norte del Triángulo de las Bermudas

La tormenta que ha zarandeado y vapuleado al Marqués durante catorce horas ha remitido. Dieciocho de sus tripulantes y todo el pasaje se encuentran plácidamente dormidos en sus camarotes. Otros diez se preparan para hacer el cambio de guardia. Unos se van a descansar y otros vigilarán, la zona es peligrosa, a pesar de la calma en el mar.

De repente, un golpe de viento, junto con una enorme ola, golpea al ahora frágil e indefenso velero. El agua se cuela hacia las entrañas del barco, lo arrastra hacia el fondo con todas sus velas desplegadas. En menos de cuarenta y cinco segundos, en medio de una aparente calma y frente a otros barcos que participaban en la carrera Cutty Sark de veleros, el Marqués desaparece engullido por el mar, con todas sus luces iluminando la oscuridad de las profundidades del océano. Sus únicos supervivientes, nueve de los que se encontraban en cubierta, son algunos de los que estuvieron en Barbate aquel día en que mataron a John Lennon.

30 de Mayo de 1995. Inglaterra.

El Ciudad de Inca, ahora con su nombre original de Maria Asumpta, quien ya había estado semihundido en los Grandes Lagos en Canadá, perece finalmente frente a las salvajes costas de Cornualles, junto al pueblo de Padstow, de donde había salido originalmente el Marqués en su aciago camino hasta Barbate, con la pérdida de tres vidas más.

EL LIBRO DE CUENTOS

(Octubre 2012)

Dedicado a Malala, y a todas las niñas a las que se les niega el Derecho a la educación por discriminación sexual, con la esperanza de que su sueño se haga realidad y pueda volver a su escuela en Pakistán.

Firma la petición en este link:

https://secure.avaaz.org/en/malala_hope_f/?afVcLab

La estantería no estaba en un lugar especialmente privilegiado, ni era la más alta de la enorme librería, pero se sentía bien. Aunque ya hacía muchas lunas que simplemente miraba, viendo entrar y salir a personas de toda índole, jóvenes y mayores. Ninguno se dignaba acercarse a él. Pero era obvio, estaba en la sección de infantil y juvenil, y hacía mucho que los niños habían dejado de entrar en aquella sección. En realidad, no pasaban más allá del sector de videojuegos y consolas. Él era un pequeño libro de cuentos, de una edición que hacía mucho que no se había repetido, un único ejemplar, y no recordaba cuando fue la última vez que alguien había hojeado sus páginas.

Sus historias de cabritillos, lobos, princesas y dragones ya no estaban de moda entre los más pequeños, y los padres andaban demasiado ocupados con estresantes trabajos como para entretenerse buscando un libro que leer a los más pequeños de la casa.

Pero aquél día había sido diferente, hubo mucho movimiento en la tienda durante toda la mañana, y poco a poco veía como los empleados se acercaban cada vez más hasta su lugar. En su camino, revisaban las numerosas baldas atestadas de libros, y de cada una de ellas sacaban un número de ejemplares, que introducían en un enorme carro con ruedas que desplazaban con ellos. Al fin llegaron hasta su sitio, y unas suaves manos de mujer le sacaron de su prisión, junto con otro montón de libros de cuentos.

En su nuevo habitáculo no pasó mucho tiempo, pues enseguida les llevaron a una gran sala, donde enormes cajas de madera aguardaban a los nuevos inquilinos. Desde allí sintió como se desplazaban a bastante distancia, y casi pudo sentir como el avión remontó el vuelo. ¡Estaba volando! ¡Por fin le trasladaban de lugar!

No sabía donde iba ni con qué intención, pero si sabía que su destino no había sido un polvoriento cajón donde probablemente terminaría en el sistema digestivo de famélicos roedores o insectos, o quizás en un fuego devorador de páginas no leídas. Eran muchas las historias que circulaban entre los libros más antiguos, y que se divulgaban cuando había oportunidad de cruzarse con uno de ellos.

Notó el cambio de clima cuando llevaba ya varias horas de traqueteo en lo que parecía ser una camioneta, definitivamente le habían cambiado de país, y tenía que ser bastante lejos, a contar por el número de horas desde que le sacaron de su lejana y moderna librería.

Nuevamente sintió la caricia de otras manos, esta vez, de manera más suave, le sacaron y le depositaron en otra estantería, no muy grande, que reposaba al fondo de una pared trenzada con hojas y bambú. Todo estaba en penumbra, pero se distinguían perfectamente una desigual puerta, hecha asimismo de cañas de bambú, y varios huecos de ventanas, todo perfectamente protegido por un enorme tejado de hojas que casi rozaba el suelo, y que proporcionaba una agradable sombra a todo el recinto.

Había varias mesas largas con unos bancos de madera para sentarse, un mapa colgaba de uno de los laterales, y justo en la pared de enfrente reposaba una enorme pizarra.

Por fin lo comprendía todo, ¡estaba en una escuela! Pero antes de que empezara a cavilar ante su nueva y sorprendente situación, se abrió la estrecha puerta de la choza y una algarabía de niños y niñas, de todas las edades irrumpieron por ella.

Ahora recordaba aquellos momentos como algo muy lejano, mientras esperaba encima de una pequeña mesa, a que la última de las muchas niñas que ya se lo habían llevado a su casa para leerle, regresara del colegio para sumergirse en sus páginas de cuentos de cabritillos, lobos, princesas y dragones...

www.ingramcontent.com/pod-product-compliance
Lightning Source LLC
La Vergne TN
LVHW051259200726
843510LV00010B/1198